Utho Creusen / Nina-Ric Eschemann
Zum Glück gibt's Erfolg

Utho Creusen / Nina-Ric Eschemann

Zum Glück gibt's Erfolg

Wie Positive Leadership zu Höchstleistung führt

orell füssli Verlag AG

Autorenwebsite: www.positive-leadership.de

© 2008 Orell Füssli Verlag AG, Zürich
www.ofv.ch
Alle Rechte vorbehalten

Dieses Werk ist urheberrechtlich geschützt. Dadurch begründete Rechte, insbesondere der Übersetzung, des Nachdrucks, des Vortrags, der Entnahme von Abbildungen und Tabellen, der Funksendung, der Mikroverfilmung oder der Vervielfältigung auf andern Wegen und der Speicherung in Datenverarbeitungsanlagen, bleiben, auch bei nur auszugsweiser Verwertung, vorbehalten. Vervielfältigungen des Werkes oder von Teilen des Werkes sind auch im Einzelfall nur in den Grenzen der gesetzlichen Bestimmungen des Urheberrechtsgesetzes in der jeweils geltenden Fassung zulässig. Sie sind grundsätzlich vergütungspflichtig.

Redaktionelle Bearbeitung: Dörthe Binkert
Umschlagabbildung: © iStockphoto
Umschlaggestaltung: Andreas Zollinger, Zürich
Druck: fgb · freiburger graphische betriebe, Freiburg

ISBN 978-3-280-05298-3

Bibliografische Information der Deutschen Bibliothek: Die Deutsche Bibliothek verzeichnet diese Publikation in der Deutschen Nationalbibliografie; detaillierte bibliografische Daten sind im Internet über http://dnb.d-nb.de abrufbar.

*Promise yourself to be so strong that nothing can
disturb your peace of mind.*

*Look at the sunny side of everything and make
your optimism come true.*

*Think only of the best, work only for the best,
and expect only the best.*

*Forget the mistakes of the past and press on
to the greater achievements of the future.*

*Give so much time to the improvement of yourself
that you have no time to criticize others.*

*Live in the faith that the whole world is on your side
so long as you are true to the best that is in you!*

Christian D. Larson
Aus: Your Forces and How to Use Them, 1912

(Versprich dir selbst, so stark zu sein,
dass nichts deine innere Ruhe zerstören kann.

Sieh immer die positive Seite von allen Dingen
und lebe deinen Optimismus.

Denke nur an das Beste, strebe nur nach dem Besten
und erwarte nur das Beste.

Vergiss die Fehler der Vergangenheit und strebe
nach größeren Leistungen in der Zukunft.

Widme deiner eigenen Entwicklung so viel Zeit,
dass du keine Zeit hast, andere zu kritisieren.

Lebe in dem Vertrauen, dass die ganze Welt auf deiner Seite ist,
so lange du zum Besten in dir selbst stehst!)

Inhalt

Vorwort 10

Kapitel 1
Die Positive Psychologie

Ein Beispiel: Marty Seligman und seine Tochter 16
Die drei Säulen der Positiven Psychologie:
Stärkenorientierung, Flow, Sinn 19
Warum positive Emotionen so wichtig sind und Optimisten
länger leben 22

Kapitel 2
Stärkenorientierung: Stärken stärken – Spitzenleistung fördern

Beispiel: Ein Außenseiter soll ins Team integriert werden 30
Wie ein Mensch seine Stärken stärken kann 37
Beispiel: Unterschiede verstehen, eine gemeinsame Basis finden ... 51
Beispiel: Dankbarkeit als ein möglicher Ausweg aus
Konfliktsituationen 54
Die Stärken des Einzelnen mit denen des Teams in Einklang
bringen 57

Kapitel 3

Flow: Die Zeit vergessen – im eigenen Tun aufgehen

Beispiel: Ein Geschäft geht an den Start 62
«Im Flow sein» oder: Wie man ganz in seinem Tun aufgeht
und auf diese Weise Höchstleistungen erbringt 66
Wie ein Unternehmer seine Mitarbeiter «in Fluss» bringt 70
Fragen und Tests, die helfen, Flow zu messen 73

Kapitel 4

Sinn: Sinn stiften – Engagement ernten

Beispiel: Zwei Typen, ein Team – wie auch unterschiedliche
Manager gemeinsam beste Ergebnisse liefern können 81
Sinnsuche Theorie I: Menschen, die in ihrem Leben einen
Sinn sehen, sind glücklicher 93
Sinnsuche Theorie II: Unternehmen mit einer Vision sind
erfolgreicher als andere 99
Sinnsuche für die Unternehmen der Zukunft: Wie Positive
Leadership die Wirtschaft wieder humaner werden lässt 109
Beispiel: Die Vision «Mehr als nur vier Wände» der OBI Gruppe . 111
Beispiel: Wir wollen die Besten sein 115
Beispiel: Das Projekt «Voci dal Cuore» von Media-Saturn Italien . . 116
Wie man seine persönlichen Werte herausfindet 117

Kapitel 5

Beteiligung: Das Fundament für den Erfolg und für die drei Säulen Stärken, Flow und Sinn

Zwei Beispiele aus der Automobilindustrie: Schlankes Management bei Toyota und Ford 124
Beispiel: Eine unternehmerische Grundsatzerklärung der besonderen Art 128
Warum es so wichtig ist, Mitarbeiter im Unternehmen zu beteiligen 131

Literatur 146

Vorwort

Wir schreiben das Jahr 2004, in Washington findet gerade der Positive Psychology Summit statt. Wir haben das Glück, mit dabei zu sein. Zum ersten Mal kommen wir mit den Themen der Positiven Psychologie in Berührung, zum ersten Mal treffen wir auf die Protagonisten dieser noch jungen Wissenschaft. Wir können nicht anders und lassen uns in ihren Bann ziehen. Wir sind begeistert von den Menschen und ihren Theorien. Schnell kommt die Frage auf, wie wir nicht nur persönlich profitieren, sondern diesen neuen und so unvergleichlich positiven Ansatz auch auf die Wirtschaft übertragen können.

Da wir beide aus sehr dezentral agierenden Unternehmen kommen, ist die Beteiligung der Mitarbeiter für uns absolut kein Neuland. Im Gegenteil: Mitarbeiter am Handeln und am Erfolg eines Unternehmens zu beteiligen, ist uns seit jeher ein wirkliches Anliegen und zugleich wichtiger Baustein unserer Führungsphilosophie. Beteiligung in diesem, einem ebenso materiellen wie vor allem immateriellen Sinne verstanden, hat dabei sehr viel mit Eigenverantwortung zu tun. Eigenverantwortung wiederum, selbst die Situation in die Hand nehmen und sich nicht «seinem Schicksal ergeben», ist auch ein Kernelement der Positiven Psychologie. Wir haben erkannt, dass unsere persönliche Philosophie der Mitarbeiterführung – Stärken ausbauen, zu Höchstleistung und Erfolg motivieren, konkrete Ziele setzen und klare Vorstellungen der Zukunft geben sowie Menschen beteiligen – sehr viel mit den tragenden Säulen dieser innovativen und positiven Wissenschaft zu tun hat; nur an einigen wenigen Stellen mussten wir sie anpassen. Die Positive Psychologie ist grundsätzlich in der Lage, wichtige Instrumente zu liefern, die bei der Umsetzung des Human Ressources-Ansatzes in einem Unternehmen helfen können. Aus diesem Grund haben wir den Entschluss gefasst, unsere

Erfahrungen rund um die Positive Psychologie in Unternehmen niederzuschreiben.

Unser Buch richtet sich vor allem an Führungskräfte des Top- und mittleren Managements, selbstverständlich aber wollen wir generell all jene ansprechen, die mehr über das menschliche Sein und die Psyche des Menschen erfahren, die persönlich wachsen und anderen zu mehr individuellem Wachstum verhelfen wollen. Es richtet sich an Menschen, die bereit sind, Verantwortung zu übernehmen, und es wagen, andere, durchaus erfolgreiche, aber eben zuweilen auch kontrovers diskutierte Wege zu beschreiten.

Natürlich wäre es sehr wirkungsvoll und wirtschaftlich erfolgreich, möglichst viele Erkenntnisse der Positiven Psychologie ins Unternehmen einzuführen. Aber das wird nicht immer und in den meisten Fällen schon gar nicht von heute auf morgen möglich sein. Unsere Überzeugung ist vielmehr: Selbst wenn nur wenige Bausteine übernommen werden, so wird zunächst der Einzelne und mit ihm dann auch immer das Unternehmen profitieren. Und: Wer einen Teilbereich der Positiven Psychologie im Rahmen seiner Personalarbeit erfolgreich einführt, weckt automatisch das Interesse im Unternehmen, weitere Bausteine kennen zu lernen.

Um dem Leser einen möglichst großen Nutzen zu bieten, haben wir bewusst keine theoretische Abhandlung über die Positive Psychologie geschrieben, sondern ein praktisches Buch mit Beispielen aus dem Unternehmensalltag und möglichen Ideen zum Anwenden dieser Wissenschaft. Wer sich darüber hinaus für den wissenschaftlichen Hintergrund der Positiven Psychologie interessiert, findet weitere Informationen und Instrumente in den zitierten Büchern (siehe Literaturverzeichnis). Unser Buch versteht sich nicht als Aufruf, nun alles durch die rosarote Brille zu sehen und sich nicht weiter mit den Gefahren, Risiken und Schwächen zu beschäftigen. Es soll vielmehr eine weitere Perspektive bieten und helfen, diese auch in Zeiten von Niederlagen nicht aus den Augen zu verlieren.

Mit diesem Buch beabsichtigen wir, die Wissenschaft in die Praxis zu tragen und der Wissenschaft die Praxis nahe zu bringen. In diesem

Interesse, ein Buch für Praktiker zu schreiben, liefern wir am Anfang lediglich eine kurze Einführung in die Positive Psychologie und die Hintergründe dieser Wissenschaft. Die einzelnen Kapitel sind dann so aufgebaut, dass der Leser zunächst mindestens ein Beispiel aus der Unternehmenspraxis findet und anschließend die dahinter stehende wissenschaftliche Erklärung in aller Kürze nachlesen kann. Die Praxisbeispiele sind zum überwiegenden Teil real erlebte Begebenheiten (die Personen nennen wir aus Gründen der Persönlichkeitswahrung selbstverständlich nicht) und stammen aus unseren eigenen Forschungserfahrungen und Coachings. Jedes Kapitel schließt mit einer Zusammenfassung über die wichtigsten Highlights und Anwendungsgebiete, so dass die Quintessenz immer wieder kurz und knapp nachgelesen werden kann. Allen, die neugierig geworden sind, wünschen wir nun eine spannende Entdeckungsreise in vielleicht noch unbekannte Welten, vor allem aber einen möglichst großen Nutzen.

Zum Schluss möchten wir es nicht versäumen, den Menschen zu danken, die dieses Buch möglich gemacht haben. Dr. Emil Lux hat durch seinen Glauben an das Gute im Menschen den Grundstein für unsere Überzeugungen in der Mitarbeiterführung gelegt. In vielen persönlichen Gesprächen und seinen inspirierenden Vorlesungen hat uns Marty Seligman für das Thema begeistert. Jim Clifton und Gerald Wood haben uns mit viel Enthusiasmus die verschiedenen Instrumente der Positiven Psychologie für den Einsatz im wirtschaftlichen Umfeld nahegebracht. Wir danken Pia Hiefner-Hug von Seiten des Verlags und unserer Lektorin Dr. Dörthe Binkert für die Unterstützung und Geduld ebenso wie Maren Barucha für ihre praktische Hilfe, Daniela Henger für ihre journalistische Begleitung und Joachim Schulte für die Sorgfalt bei der Korrektur. Den vielen Mitarbeitern und Coachees, die wir in all den Jahren begleiten und unterstützen durften, danken wir für ihr Vertrauen und für all die Dinge, die wir von ihnen gelernt haben. Unseren Partnern Rosemarie Creusen und René Eschemann danken wir für ihr Verständnis dafür, dass wir so viele Stunden dem Schreiben dieses Buches gewidmet haben – Stunden, die wir nicht mit ihnen verbringen konnten.

Wir widmen dieses Buch unseren Kindern Swaantje, Murk, Amelke, Leander, Paulina und Mats.

Im Frühjahr 2008 *Utho Creusen*
Nina Eschemann

Kapitel 1

Die Positive Psychologie

«Der eigentliche Sinn unseres Lebens besteht im Streben nach Glück»[1], so sagt es der XIV. Dalai Lama. Was aber ist Glück, und was macht mich persönlich glücklich? Diese Fragen stellt sich früher oder später jeder Mensch. Seit Ende des zwanzigsten Jahrhunderts hat auch die Psychologie das Glück wieder stärker in ihren Fokus gerückt. Davor beschäftigten sich die allermeisten Psychologen vor allem mit den krankhaften Veränderungen der menschlichen Psyche – mit Neurosen, Psychosen, Depressionen. Doch allmählich erwacht die Glücksforschung aus ihrem Dornröschenschlaf[2]: Vor allem in Amerika gewann die so genannte Positive Psychologie in den letzten Jahren sehr an Bedeutung.

Diese neue Richtung innerhalb der Psychologie befasst sich nicht nur mit den Schwächen, sondern auch mit den Stärken der Menschen. Die Positive Psychologie stellt die Frage, was es braucht, um ein glückliches und erfülltes Leben zu führen, und wie sich die positiven Erfahrungen verstärken und die negativen verringern lassen. Einen ganz wesentlichen Beitrag hin zu diesem Umdenken in der Psychologie leistete der bekannte amerikanische Psychologe Martin E. P. – kurz Marty – Seligman. Oft wird der 1942 geborene Therapeut und Psychologie-Professor als Begründer der Positiven Psychologie bezeichnet. Dass es so weit gekommen ist, hat er nicht zuletzt seiner Tochter Nikki zu verdanken.

Ein Beispiel: Marty Seligman und seine Tochter

Marty Seligman befand sich gerade auf dem Höhepunkt seines Forscherlebens als Psychologe. Er war Professor an einer renommierten Universität, führte ein gut laufendes Forschungslabor, hatte genügend Forschungsgelder, überaus engagierte Studenten und bereits ein Buch auf der Bestsellerliste. Ganz nebenbei wartete zu Hause eine reizende Ehefrau auf ihn. Sie hütete die Kinder und sorgte für ein intaktes Familienleben.

Und doch: Irgendetwas fehlte dem Psychologen zum absoluten Glück. Er wusste lange Zeit nicht, worin dieses Etwas bestehen sollte. Und manchmal registrierte er nicht einmal, dass er unglücklich war beziehungsweise dass ihn eine seiner ganz typischen Charaktereigenschaften zuweilen etwas «ungenießbar» werden ließ – er konnte sich dann oft selbst nicht ausstehen, und so musste es wohl auch seinen Mitmenschen gehen.

Nun gut, wie das Leben so spielt – und zumeist kommt es ja anders, als man denkt –, das Leben jedenfalls dachte sich für ihn eine ganz spezielle Herausforderung aus: Er sollte Präsident der American Psychological Association (APA) werden. Und dabei war ihm die Verbandspolitik eigentlich ein absoluter Graus. Aber offenbar brauchte es eine derartige Aufgabe, damit er persönlich einen großen Schritt vorankam und mit ihm auch die Psychologie.

Als Seligman also nach erfolgter Wahl im Jahr 1997 die Arbeit als Verbandspräsident aufnahm, war er auf der einen Seite sehr motiviert, andererseits aber auch enorm unsicher. Warum? Er wollte zu Beginn seiner Präsidentschaft neue Impulse setzen, er wollte seine Zeit als APA-Präsident unter ein ganz besonderes Motto stellen. Doch wie sollte dieses Motto lauten? Es war nicht einfach, ein ebenso innovatives wie zugleich einendes Thema zu finden, schließlich musste er die damals rund 150 000 organisierten Psychologen gleichermaßen vertreten. Das Spektrum des Berufsstandes war groß, die Interessen aller Verbandsmitglieder zu vertreten somit praktisch unmöglich. Und doch ist ihm dieser Spagat gelungen. Seine Tochter Nikki hat einen entscheidenden Anteil daran, sie hat zudem dafür gesorgt, dass Seligman auf dem Weg zu einem übergreifenden Präsidentschaftsmotto auch ein Stück weit näher zu sich selbst gefunden hat. Der Psychologe hat sich nicht die weitere Untersuchung immer neuer Deformationen der menschlichen Seele auf die Fahnen geschrieben, sondern die Fokussierung auf die menschlichen Stärken als Grundlage der Positiven Psychologie.

Wenn sich ein Meckerfritze und Miesepeter ändern will ...

Wie aber hat ihn seine damals gerade einmal fünf Jahre alte Tochter auf diese Rückbesinnung hin zu den menschlichen Stärken gebracht? Es geschah zu Hause in seinem Garten. Er war gerade mit der kleinen Nikki beim Unkraut-Jäten. Seligman selbst – er beschreibt sich als zielorientierten und zeitbewussten Menschen – pflückte also akribisch das störende Kraut, während ihm seine Tochter dabei half. Das heißt, sie half ihm insofern, als das Unkraut-Jäten à la Nikki natürlich nicht so aussah wie das ihres Vaters: Seligmans Tochter pflückte das Unkraut, warf es verspielt in die Luft und tanzte und sang dabei. Der Vater konnte nicht umhin, mit ihr zu schimpfen. Was sie da mache, sei uneffizient und wenig sinnvoll. Daraufhin verzog sich die Kleine. Nach ein paar Minuten jedoch kam sie zurück und wollte mit ihrem Daddy reden. Sie habe nachgedacht.

Nun gut, dachte sich seinerseits Seligman, seine Strafrede hatte wohl eine Wirkung gehabt. Doch Nikkis Gedanken gingen in eine ganz andere Richtung. Sie sprach von sich und von einer entscheidenden Erfahrung. Vor ihrem fünften Geburtstag, erzählte sie ihrem Daddy, habe sie nämlich jeden Tag geweint. An ihrem Geburtstag aber habe sie beschlossen, von nun an mit dem Weinen aufzuhören. Das sei das Schwerste gewesen, was sie sich bis dahin vorgenommen habe. Und doch: Es sei ihr gelungen. Wenn also sie als kleines Mädchen mit dem

> *Nicht die Dinge sind positiv oder negativ, sondern unsere Einstellungen machen sie so.*
>
> Epiktet

Weinen aufhören könne, dann sollte doch auch ihr so viel älterer und wohl auch klügerer Vater damit aufhören können, ständig so ein Meckerfritze zu sein.[3] Das waren ihre Worte. Knallhart und zudem sehr weise. Man kann sich vorstellen: Das hat gesessen, bei einem Psychologen allemal.

Nikki hatte mit ihrer Beobachtung den Nagel auf den Kopf getroffen. Seligman musste zugeben, dass er bis zu diesem bewegenden Moment in seinem Leben ein richtiger Miesepeter gewesen war. 50 Jahre lang hatte er viel Regenwetter in seiner Seele ausgehalten, und in den letzten zehn Jahren war er wohl eine wandelnde dunkle Regenwolke in einem Haus voll Sonnenschein gewesen. Ein schönes Bild, das der Familienvater und Psychologe da für seine Persönlichkeit, seinen Charakter und sein Verhalten gefunden hat. Seligmann begriff, dass ihm alles Glück in seinem Leben nicht wegen, sondern trotz seiner Übellaunigkeit zuteil geworden war. Und so reifte in ihm der feste Entschluss, sich zu ändern.

Im Hinblick auf die Erziehung seiner Tochter wiederum erkannte er, dass es nicht darum ging, ihre Fehler und Schwächen zu korrigieren. Das hatte sie schon selbst getan. Seine Aufgabe bestand vielmehr darin, ihre Stärken zu fördern. Nikkis früh gereifte Stärke war zweifelsohne ihre soziale Intelligenz – Seligmans Tochter hatte ihm so tief in die Seele geblickt, wie es der erfahrene Psychologe selbst bis dahin nicht vermocht hatte. Und so ist Marty Seligman auch überzeugt: «Kinder großzuziehen (...) ist viel mehr, als das zu reparieren, was falsch an ihnen ist. Es geht darum, ihre menschlichen Stärken und Tugenden zu entdecken und auszubauen und ihnen dabei zu helfen, jene Nische zu finden, in der sie ihre positiven Eigenschaften im vollsten Sinne ausleben können.»[4]

Bezogen auf die Psychologie hat Seligman seiner Disziplin durch die Fokussierung auf die menschlichen Stärken einen neuen Impuls gegeben und dadurch den Grundstein für die Positive Psychologie gelegt. Seine Antrittsrede als APA-Präsident löste einen Aufruhr aus. Seligman rief seine Kollegen dazu auf, die Neurosen, Psychosen und Depressionen einmal beiseite zu lassen und sich stattdessen auf das Rätsel des glücklichen Lebens zu konzentrieren. 2003 hielt der Wissenschaftler seine erste Vorlesung über Positive Psychologie, sie schlug ein wie eine Bombe.[5]

Die drei Säulen der Positiven Psychologie: Stärkenorientierung, Flow, Sinn

In seinen Vorlesungen geht Marty Seligman natürlich auch auf die Vorläufer der Positiven Psychologie ein. Er «erinnert daran, dass die Psychologie vor dem Zweiten Weltkrieg ursprünglich drei große Ziele hatte: Erstens wollte sie psychische Krankheiten heilen, zweitens zu einem produktiven und erfüllten Leben beitragen, und drittens sah sie es als ihre Aufgabe an, Hochbegabung zu entdecken und zu fördern.»[6] Der Krieg aber sorgte dafür, dass sich die Psychologie in den USA auch nach der Definition dieser drei Ziele hauptsächlich mit der Heilung psychischer Krankheiten befasste. Und dies war ja auch durchaus notwendig und wichtig, bedenkt man, dass es unzählige Kriegsveteranen gab, die mit dem Trauma des Erlebten zu Hause erst wieder zurechtkommen mussten. Ende des zwanzigsten Jahrhunderts fand der neu gewählte APA-Präsident Seligman den Zeitpunkt allerdings für gekommen, dass sich die Psychologie wieder auf ihr zweites Ziel besann, Menschen zu einem produktiven und erfüllten Leben zu verhelfen. Und so initiierte er mit seinen systematischen Langzeitbeobachtungen und seiner Erfahrung als Therapeut die Positive Psychologie.

Die Positive Psychologie beruht im Wesentlichen auf drei Säulen, die gemeinsam zu einem Höchstmaß an persönlicher Zufriedenheit und – bezogen auf die Arbeit – zu Spitzenleistungen führen:

1. Menschen müssen ihre *Stärken* kennen und sie optimal einsetzen können. Hauptforscher in diesem Bereich: Donald O. Clifton, Marcus Buckingham, Marty Seligman, Christopher Peterson.
2. Die Arbeit muss den Fähigkeiten der Mitarbeiter so gut entsprechen, dass sie oft in einen Zustand der Selbstvergessenheit, den so genannten *«Flow»*, gleiten. Menschen mit Flow sind derart ins ei-

gene Tun vertieft, dass die Zeit wie im Flug vergeht. Flow-Erlebnisse sind die Momente, in denen Konzentration, Können und Begeisterung in eins fließen und damit persönliches Glück und Wachstum hervorrufen. Hauptforscher: Mihaly Csikszentmihalyi.
3. Die Arbeit muss *Sinn* vermitteln, das heißt, Menschen müssen bei ihrer Arbeit die Ziele und Visionen des Unternehmens mit ihren eigenen, persönlichen Zielen in Einklang bringen können. Dieser dritte Bereich der Positiven Psychologie ist sicherlich der bislang noch am wenigsten erforschte. Wichtig sind die Erkenntnisse und Schlussfolgerungen des Psychologen Viktor E. Frankl, des Begründers der so genannten «dritten Wiener Schule», und seiner Logotherapie. Im Unternehmensbereich wird oft auf den von James C. Collins und Jerry I. Porras entwickelten Gedanken der Unternehmensvision zurückgegriffen.

Abb. 1; Quelle: Prof. Dr. Utho Creusen/Nina Eschemann

Keiner dieser Bereiche war gänzlich neu, als Marty Seligman die Positive Psychologie unter seiner Präsidentschaft der American Psychology Association in den Mittelpunkt der Forschung stellte. Auch vielen Führungskräften oder Personalentwicklern dürften die hier formulierten Einsichten und Konzepte bekannt sein, zuweilen haben sie auch schon

Eingang in die Personalpolitik von Unternehmen gefunden. Systematisch umgesetzt werden die Erkenntnisse der Positiven Psychologie bisher allerdings kaum. Insofern besteht hier für die Wissenschaft auf der einen und für die Unternehmen auf der anderen Seite großer Nachholbedarf – und damit selbstverständlich auch enormes Potenzial.

Und doch: Als extrem junge wissenschaftliche Disziplin hat sich die Positive Psychologie in den vergangenen Jahren durchaus schon einen Namen als immer wichtiger werdende Forschungsrichtung gemacht. Zu ihren prominentesten Vertretern gehören die Professoren Marty Seligman (University of Pennsylvania), Daniel Kahnemann (Nobelpreis für Ökonomie 2004, University of Princeton), Ed Diener (University of Illinois), Mihaly Csikszentmihalyi (Claremont Graduate University) und Barbara Frederickson (University of North Carolina). Aber nicht nur in Amerika, auch in vielen europäischen Ländern erfreut sich die Positive Psychologie zunehmenden Interesses.[7] So werden bereits Forschungsprogramme initiiert, Tagungen organisiert, Stipendien und Preise vergeben, und auch im deutschsprachigen Raum widmen sich zusehends mehr Wissenschaftler, Psychologen und Personalexperten dem Thema.

Die deutsche Psychologin Ann Elisabeth Auhagen zum Beispiel ist der Überzeugung, dass die Positive Psychologie nur dann erfolgreich sein wird, «wenn sie es tatsächlich schafft, positiv auf das Erleben und Verhalten von Menschen einzuwirken»[8]. Die Positive Psychologie müsse so arbeiten, dass sie die Menschen, für die sie da sein will, auch wirklich erreicht. Auhagen ist es denn auch, die von möglichen Visionen der Positiven Psychologie spricht:

– «Jeder Mensch übernimmt bewusst die Verantwortung für seine Gedanken und Gefühle. Solange wir noch Sätze äußern wie ‹Du bist schuld, dass ich mich schlecht fühle›, ist dieses Ziel nicht erreicht.
– Wir hören auf, uns in nicht konstruktiver Weise über andere zu beklagen (‹Die Politiker sind inkompetent›, ‹Die Bahn macht alles falsch›).
– Unser zwischenmenschlicher Umgang ist immer freundlich. Niemand schreit den anderen an.»[9]

Als praktische Lebensregeln angewendet, könnten diese an sich einfachen Visionen den Menschen dazu verhelfen, dass sie ihren Alltag besser meistern und auf diese Weise zu einem glücklichen und erfüllten Leben finden.

Warum positive Emotionen so wichtig sind und Optimisten länger leben

Das Hauptanliegen der Positiven Psychologie ist es, die positiven Emotionen im täglichen Leben zu mehren und negative Gefühle zu verringern. Dabei ist der starke Einfluss positiver Stimmungen und Gedanken auf die menschliche Psyche und das menschliche Tun inzwischen auch umfassend wissenschaftlich bestätigt. So stellte sich zum Beispiel in einer Studie an der Mayo-Klinik im amerikanischen Rochester, Minnesota, heraus, dass Menschen, die vor einer Grippeimpfung mit einem positiven Ereignis konfrontiert wurden, weitaus mehr Antikörper und Impfschutz entwickelten als Personen, die zuvor mit einem negativen Ereignis konfrontiert worden waren. Ähnliches lässt sich auch zur Lebensweisheit «Lachen ist gesund» feststellen: Gute Laune erhöht im menschlichen Körper nachweislich die Anzahl bestimmter Abwehrzellen, der so genannten natürlichen Killerzellen. Oder anders ausgedrückt: «Positive Emotionen halten uns psychisch stabil und beugen damit auch psychischen Störungen vor.»[10]

Negative Gedanken und Gefühle bringen uns dazu, unethisch zu handeln.

Dalai Lama

Geld allein macht nicht glücklich

Positive Emotionen sind weder zu kaufen, noch sind sie zu erzwingen. So heißt es häufig, dass Geld allein nicht glücklich macht. Immer wieder hört man zum Beispiel von Lotto-Millionären, die trotz des immensen Reichtums – man kann sich auch fragen, ob vielleicht gerade wegen des vielen Geldes – immer unglücklicher werden, weil sie etwa zunächst in Saus und Braus leben, am Ende aber das ganze Geld verprasst haben und dann unglücklicher sind als vor ihrem großen Gewinn. Gleichwohl ist ein bestimmter Zusammenhang zwischen Wohlstand und Wohlbefinden nicht zu leugnen: So sind Menschen in reichen Ländern im Durchschnitt glücklicher als die Bewohner armer Staaten. Und doch gilt: Geld steigert das Wohlbefinden nicht grenzenlos. «Ist ein gewisser Wohlstand einmal erreicht, erhöht sich das subjektive Glücksempfinden mit zunehmendem Kontostand nicht mehr. (…) Die Gründe: Menschen gewöhnen sich schnell an einen bestimmten Wohlstand und gesellschaftlichen Status und erhöhen gleichzeitig ihre Ansprüche entsprechend. Da dann wieder der alte Abstand zwischen Anspruchsniveau und Wirklichkeit besteht, reduziert sich das Glücksempfinden nach einem kurzen Aufflackern auf das ursprüngliche Maß. Psychologen bezeichnen dieses Phänomen auch als hedonistische Tretmühle (…). Glück ist relativ – wir fühlen uns eher glücklich, wenn es uns besser geht als zuvor.»[11]

Und was das Erzwingen positiver Emotionen betrifft: Wie oft hat man die freundliche Aufforderung des Fotografen schon gehört: «Bitte lächeln!» Und auch wenn man wirklich versucht hat, sein bestes Lächeln aufzusetzen – wie oft war man später enttäuscht von den Aufnahmen: Das Lächeln wirkte eben nicht natürlich und gelöst, sondern allenfalls künstlich und unecht, aufgesetzt eben. Kein Wunder, fanden Forscher doch heraus, dass es zwei Arten von Lächeln gibt: Beim echten, dem so genannten «Duchenne-Lächeln» (benannt nach dem französischen Mediziner Duchenne de Boulogne) weisen die Mundwinkel nach oben und die Haut in den äußeren Augenwinkeln bildet feine Falten, so genannte «Krähenfüße». Die Muskeln, die das bewirken, sind extrem schwer willentlich zu beeinflussen. Die andere Art zu lächeln wird nach den Stewardessen in TV-Werbespots der inzwischen eingestellten amerikanischen Fluggesellschaft Pan American «Pan-Am-Lächeln» genannt. Es gleicht dem Zähnefletschen, wie es Menschenaffen zeigen, wenn sie Angst haben.[12]

Positive Emotionen müssen also absolut authentisch sein, um ihre

Wirkung voll zu entfalten. Zusammengefasst haben sie folgenden Zweck: Sie vergrößern unsere beständigen intellektuellen, physischen und sozialen Ressourcen und bauen Reserven auf, auf die wir bei Widrigkeiten, Niederlagen und in Glücksmomenten zurückgreifen können. Wenn wir in guter Stimmung sind, werden wir mehr gemocht, Freundschaft, Liebe und Bindungen entstehen schneller beziehungsweise werden schneller eingegangen. Wir sind toleranter, kreativer und einnehmender, zudem sind wir offen für neue Ideen und Erfahrungen. Das heißt nicht, dass Probleme deshalb ausgeblendet oder ausgeklammert werden. Doch wird dank positiver Emotionen eine zweite Form der Selbsterfahrung, ein Gegengewicht zur negativen Sichtweise geschaffen.

Gegen Pessimismus ist ein Kraut gewachsen: Optimismus

Marty Seligman hat immer wieder Studien zu positiven und negativen Emotionen durchgeführt. Ein besonderes Augenmerk richtete er dabei auf die Eigenschaften Optimismus und Pessimismus. Sich selbst nimmt er als Demonstrationsobjekt nicht aus, sondern bezeichnet sich relativ schonungslos als ein «geradezu erschreckendes Beispiel»[13] für seine eigene Theorie der erlernten Hilflosigkeit. Er selbst sei kein «pflichtvergessener Optimist», sondern ein in «der Wolle gefärbter Pessimist»[14]. Seligman erläutert, was er damit meint: In geradezu epischer Breite erzählt er in seinem Buch, wie er – immer nervöser und pessimistischer werdend – gespannt auf die Ergebnisse der Wahl zur APA-Präsidentschaft wartet. In ein Besetztzeichen am Telefon beispielsweise interpretiert der Psychologe in seiner Aufgeregtheit kurzerhand hinein, die Wahl verloren zu haben, weil er sich wohl nicht genug darum bemüht hatte, gewählt zu werden. Als Optimist hingegen, so erklärt Seligman, hätte er das Besetztzeichen ganz anders, nämlich positiv gedeutet: Offensichtlich versuchte man gerade, ihn zu erreichen, um ihm mitzuteilen, dass er gewählt worden war.

Verallgemeinernd beschreibt Seligman schließlich den Unterschied zwischen optimistischen und pessimistischen Menschen: Optimisten «neigen dazu, ihre Probleme als vorübergehend, kontrollierbar und spezifisch für eine bestimmte Situation zu verstehen». Dagegen glauben Pessimisten, dass «ihre Schwierigkeiten nie aufhören werden, dass sie alles, was sie tun, unterminieren und dass sie nicht kontrollierbar sind»[15]. Hier führt der Begründer der Positiven Psychologie ein weiteres Experiment an, das an der amerikanischen Mayo-Klinik durchgeführt wurde: Dort muss jeder Patient bei seiner Aufnahme in die Klinik eine Reihe von psychologischen und medizinischen Tests machen, einer davon misst den Optimismus. Um herauszufinden, ob ein optimistischer Mensch im Vergleich zu einem Pessimisten länger lebt, wurden vor 40 Jahren mehr als 800 Patienten ausgewählt. Von ihnen war bis zum Jahr 2000 rund ein Viertel gestorben. Dabei lebten die Optimisten im Durchschnitt und im Vergleich zu den Pessimisten um 19 Prozent länger, als ihre prognostizierte Lebenserwartung dies erwarten ließ.

Und an dieser Stelle bringt Seligman das Positive und Negative von Optimismus und Pessimismus erneut auf den Punkt: «Pessimisten haben eine besonders schädliche Art, ihr Pech und ihre Frustrationen zu erklären. Sie denken automatisch, dass deren Ursache nie vergehen wird, dass sie alle Lebensbereiche durchdringt und in ihnen selbst liegt.» Pessimisten – so ist Seligman überzeugt und das habe er in den letzten zwei Jahrzehnten des zwanzigsten Jahrhunderts ja auch immer wieder nachgewiesen – werden mit einer achtmal größeren Wahrscheinlichkeit depressiv, wenn negative Ereignisse eintreten: «Sie sind in der Schule, im Sport und in den meisten Jobs schlechter als ihre Begabungen erwarten lassen; ihre körperliche Gesundheit ist weniger gut und ihre Lebensspanne kürzer, sie haben brüchigere Beziehungen zu anderen Menschen.» «Im Gegensatz dazu haben Optimisten die menschliche Stärke, zu begreifen, dass ihr Pech vorübergehend und überwindbar ist, nur für den jeweiligen Fall gilt, sich aus einer besonderen Situation ergibt oder von anderen Menschen herrührt.»[16] Seligman beschreibt Optimismus hier bewusst als Stärke. Auf diesen Begriff, der die erste Säule der Positiven Psychologie darstellt, gehen wir in unserem nächsten Kapitel genauer ein.

Summary

Die Positive Psychologie

- ist eine noch recht junge wissenschaftliche Disziplin: Sie entstand Ende des zwanzigsten Jahrhunderts, als der amerikanische Psychologe Marty Seligman die Rückbesinnung auf das Positive in der Psychologie einläutete. Seligman gilt seither als Begründer der Positiven Psychologie.

- befasst sich mit den Schwächen, insbesondere aber mit den Stärken von Menschen. Sie stellt die Frage, was es braucht, um ein glückliches und erfülltes Leben zu führen, und wie sich die positiven Dinge des Lebens verstärken und die negativen Dinge verringern lassen.

- basiert im Wesentlichen auf drei Säulen, die zusammen genommen zu einem Höchstmaß an persönlicher Zufriedenheit und – bezogen auf die Arbeit – zu Spitzenleistungen führen:

1. *Stärkenorientierung:* Menschen müssen ihre Stärken kennen und sie optimal einsetzen können.
2. *Flow:* Die Aufgaben und die Qualifikationen der Menschen müssen im Gleichgewicht sein, damit möglichst häufig ein Zustand der Selbstvergessenheit, der so genannte «*Flow*», entstehen kann.
3. *Sinn:* Die Arbeit muss *Sinn* vermitteln, das heißt, Menschen müssen bei ihrem Tun die Ziele und Visionen des Unternehmens mit ihren eigenen, persönlichen Zielen in Einklang bringen können.

Anmerkungen Kapitel 1

1. Goldene Worte des Glücks. Bergisch Gladbach: Lübbe, 2004. Äußere Umschlagsseite.
2. Hartmann, Uwe / Schneider, Udo / Emrich, Hinderk M.: Auf der Jagd nach dem Glück. In: Gehirn & Geist, 04/2002. S. 10.
3. Seligman, Martin E. P.: Der Glücks-Faktor. Warum Optimisten länger leben. Bergisch Gladbach: Lübbe, 2003. S. 58 f. So wie auch die weiteren Bemerkungen Seligmans über das geschilderte Ereignis.
4. Ebd., S. 59.
5. Goeßmann, David: Lern dich glücklich. Spiegel online, 20.06.2006.
6. Auhagen, Ann Elisabeth: Das Positive mehren. Was ist und was will die Positive Psychologie? In: PSYCHOLOGIE HEUTE. Dezember 2004, S. 49.
7. Siehe Auhagen, Ann Elisabeth (Hrsg): Positive Psychologie. Anleitung zum «besseren» Leben. BelzPVU, Weinheim, Basel, 2004. S. 3.
8. Siehe ebd., S. 11.
9. Siehe ebd., S. 11.
10. Hartmann / Schneider / Emrich (2002), S. 11.
11. Ebd., S. 12.
12. Siehe Seligman (2002), S. 21 f.
13. Ebd., S. 52.
14. Siehe ebd., S. 53.
15. Beide Zitate aus Seligman (2002), S. 30.
16. Alle drei Zitate aus ebd., S. 52.

Kapitel 2

Stärkenorientierung:
Stärken stärken – Spitzenleistung fördern

Jeder wird die Situation kennen: In einem Bewerbungsgespräch versucht man, sich von seiner besten Seite zu zeigen. Man zählt die eigenen Stärken auf und ist zugleich darum bemüht, auch einige seiner Schwächen so gut wie möglich zu «verkaufen». Doch woher weiß man, welche Stärken man hat? Basiert die Selbsteinschätzung in Sachen Stärken manchmal nicht eher auf einem Wunschdenken oder auf Hörensagen, denn auf der Realität? Wunschdenken, weil man sich gerne als ideale Kandidatin oder idealer Kandidat einer Stellenanzeige sähe und deshalb die gesuchten Stärken kurzerhand auf sich selbst projiziert. Hörensagen, weil einem vielleicht andere schon öfter diese oder jene Stärke zugeschrieben und einem damit geschmeichelt haben, so dass man sie sich irgendwann einmal tatsächlich zuschreibt. Wirklich weiter im Leben bringt einen jedoch weder das eine noch das andere. Gefragt ist stattdessen ein realistisches Bild der eigenen Stärken. Doch so einfach dies auf den ersten Blick scheinen mag, so schwierig ist es zuweilen, persönliche Stärken zu definieren und sie zur vollen Entfaltung kommen zu lassen. Warum das so ist und vor allem aber, wie man seine Stärken letztendlich am besten einsetzen kann, soll dieses Kapitel zeigen.

Beispiel: Ein Außenseiter soll ins Team integriert werden

Für ein Unternehmen ist – zum einen – das Betriebsergebnis von entscheidendem Interesse. Das jedoch hängt ab von der Interaktion und Kooperation der Mitarbeiter, in besonderem Maße natürlich der der Führungskräfte. Insofern ist – zum anderen – der Erfolg ein Ergebnis der Personalkultur. Ihr wird aber immer noch zu wenig Bedeutung zugemessen. Sie mit dem Ziel der Nachhaltigkeit zu optimieren, bildet also die Voraussetzung für das Gedeihen des Unternehmens. Lange Jahre war die reine Kostenbetrachtung der Arbeitskraft ausschließlicher Maßstab. Aktuell treten die Mängel einer solchen Betrachtungsweise zu Tage. Die Wirtschaftspresse ist voll davon.

Eine Kette ist immer nur so stark wie ihr schwächstes Glied, so sagt es bekanntermaßen der Volksmund. Und deshalb kann ein Team an der Spitze eines Unternehmens auch immer nur so gut funktionieren, wie sich der Vorstand miteinander verständigen beziehungsweise wie gut sich jeder Einzelne mit seinen Stärken ins Team einbringen kann. Gibt es einen Quertreiber oder -denker im Führungsgremium oder lässt die Überzahl der Vorstände einen Einzelnen nicht zur Entfaltung kommen, so wird auch nie eine harmonische und effiziente Führungsmannschaft entstehen. Das haben wir bei einem internationalen Führungsteam selbst erlebt: Ein Geschäftsführer des Führungstrios bekam ein verheerendes Feedback zu seinem Verhalten sowohl von seinen Vorgesetzten im Headquarter als auch von seinen beiden Kollegen. Warum?

Eine Fülle von Vorwürfen

Man warf ihm vor, kein Teamplayer zu sein. Er arbeite ich-bezogen und könne weder positives Feedback geben noch seine Teamkollegen in Entscheidungen einbeziehen. Zugleich lege er einen schwierigen und kritischen Kommunikationsstil an den Tag und, so lautet die Kritik weiter, immer wieder überschreite er die eigenen Kompetenzen und seine Verantwortungsbereiche. Dazu kam der Vorwurf, er arbeite nicht zielorientiert und sei leicht ablenkbar. Wow, das ist Kritik der massivsten Art. Das muss man erst einmal schlucken. Um die Situation für alle Beteiligten zu entspannen, entschieden wir uns, mit dem Kritisierten ein Einzelcoaching durchzuführen. Wichtigste Voraussetzung hierfür: Der zu Coachende muss mit einem Coaching einverstanden und natürlich in letzter Konsequenz auch zu Veränderungen bereit sein. Beides war der Fall, der von Kollegen und Vorgesetzten kritisierte Geschäftsführer war gewillt, sich dem durchaus langwierigen und aufgrund der nicht immer angenehmen Fragen auch nicht unbedingt einfachen Coaching zu unterziehen. Bei der ersten Coaching-Session wollten wir bewusst erst einmal das persönliche Gespräch in den Mittelpunkt stellen. Man sollte sich gegenseitig kennen lernen, und der so Gescholtene sollte uns gegenüber erst einmal Dampf ablassen können. Wir wollten wissen, wie *er* die Situation sieht und wie er sich fühlt. Schon das erste Gespräch hat sehr viel zu Tage gefördert: Der Geschäftsführer fühlte sich allein gelassen. Er hatte den Eindruck, von Anfang an nicht ins Team integriert worden zu sein. Er fühlte sich in seinem Verantwortungsbereich eingeengt und hatte überhaupt keine positive Einstellung zu seinen Kollegen. Er war misstrauisch gegenüber allem und jedem. Die zurückliegenden Monate waren für ihn so unangenehm und schwierig gewesen, dass er tatsächlich das Vertrauen in sich selbst verlor. Besonders schockierend für uns war, dass er an einem Punkt angelangt war, an dem er seine Kollegen eigentlich nicht mehr als Menschen wahrnahm, sondern vielmehr als «Einheiten» ansah, die zu funktionieren und Leistung zu erbringen hätten. Er war inzwischen außerstande, noch irgendetwas Positives in der Beziehung zu ihnen zu sehen. Die logische Folge: Seine negative Einstellung führte zu einem negativen und kritischen Verhalten. Bereits das erste Gespräch öffnete dem in der Kritik stehenden Geschäftsführer die Augen: Er sah ein, dass sein Vorgehen und sein Verhalten – so gut er es im Sinne seiner Herausforderungen insgesamt auch gemeint haben mochte – von seinen Kollegen nur als negativ und pessimistisch empfunden werden konnten.

Am Ende des ersten Gesprächs vereinbarten wir mit dem Geschäftsführer im Rahmen eines stärkenbasierten Coachings folgende Ziele: Unser Klient sollte seine Stärken erkennen. Wir wollten ihm vermitteln, wie er sie am besten einsetzen und sich selbst auf diese Weise zu mehr Selbstbewusstsein und -vertrauen verhelfen konnte. Seine Sicht auf die Dinge sollte eine insgesamt positive werden, ebenso wie seine Kommunikation. Zusammen mit ihm wollten wir seine persönlichen Werte definieren: Was macht ihn als Mensch, was als Führungsperson, was als Kollegen aus? Wofür möchte er sich stark machen? Was ist wichtig für ihn? Und schließlich: Networking und Teamaktivitäten sollten im Berufsalltag wieder mehr an Bedeutung gewinnen, und er sollte zudem in die Lage versetzt werden, seinen Kollegen, Vorgesetzten und Mitarbeitern Feedback zu geben – ein Feedback, das authentisch, zielführend und doch nicht verletzend beim Gegenüber ankommt.

Beispielhaft an diesem Fall des Geschäftsführers einer internationalen Business-Unit wollen wir im Folgenden ausgewählte Instrumente und Maßnahmen des stärkenbasierten Coachings erläutern.

Schritt Eins: Seine Stärken erkennen

Welches sind Ihre Stärken? Man könnte meinen, dass diese an sich einfache Frage auch leicht zu beantworten wäre. Und doch: Es verwundert, wie wenig Menschen eine zufrieden stellende Antwort parat haben. Das liegt daran, dass man sich von Natur aus schwer tut, seine Stärken zu identifizieren und sie klar zu benennen. Wie also können wir sie entdecken, wie sie definieren und damit nutzbar machen?

Eine Methode ist die Beobachtung: Man sieht Menschen zu, wie sie arbeiten, was sie tun, und kann so ihre Stärken beschreiben. Aber: Diese Methode verlangt eine Menge Zeit und Aufwand und birgt zudem die Gefahr der Subjektivität in sich. Aus diesem Grund wurden verschiedenartige Self-Assessment-Tools entwickelt, anhand derer die eigenen Talente und Stärken heraus kristallisiert werden können. Ein solches Instrument ist zum Beispiel der Values-in-Action-, kurz der VIA-Fragebogen. Er ist auf *www.viastrengths.org* zu finden und wurde von den amerikanischen Psychologen Christopher Peterson und Martin Seligman entwickelt. In unserer Berufspraxis haben wir in der Personalentwicklung und im Coaching vor allem auf den Clifton StrengthsFinder® zurückgegriffen. Dieses web-basierte Instrument *(www.strengthsfinder.com)*, entwickelt von den beiden bekannten Sozialwissenschaftlern Marcus Buckingham und Donald O. Clifton, den die American Psychological Association übrigens auch als den «Vater der Stärkenpsychologie» bezeichnet hat, fußt auf der Positiven Psychologie. Der Test hilft dem Durchführenden, die eigenen Talente und die darin schlummernden Potenziale herauszufinden, um diese besser nutzen und dadurch Leistung und Wohlbefinden maximieren zu können. Auf beide werden wir später noch etwas detaillierter zu sprechen kommen, nun wollen wir jedoch wieder auf das konkrete Beispiel des Geschäftsführers einer internationalen Unternehmenseinheit zurückkommen.

Seine fünf stärksten Talente waren die folgenden:
- Learner® / Wissbegierde
- Responsibility® / Verantwortungsgefühl
- Analytical® / Analytisch
- Relator® / Bindungsfähigkeit
- Connectedness® / Verbundenheit

Auf drei dieser Talente wollen wir im Folgenden detaillierter eingehen.

Schritt Zwei: Mit den (neu) entdeckten Stärken arbeiten

Da unser Klient ein Mensch mit einer stark ausgeprägten Wissbegierde ist, der für sein Leben gern lernt, haben wir ihn gefragt, wann er dieses Talent zuletzt ausspielen und etwas dazulernen konnte. Die Antwort verblüffte uns nicht: Ein solches Erlebnis lag für ihn schon sehr weit zurück, im aktuellen Job hat man ihn noch gar nichts lernen lassen. Für uns war klar, dass der Geschäftsführer gar nicht zu positivem Feedback in der Lage war – seine Akkus waren leer, er musste selbst erst wieder positiv aufgeladen werden. Nach Rücksprache mit seinen Vorgesetzten ermöglichten wir ihm die Teilnahme an einem internen, weltweiten Weiterbildungsprogramm für High Potentials. So sollte er neues Wissen sammeln und in einem Netzwerk internationaler Führungskräfte neue Leute kennen lernen können. Die Reaktion des Klienten war äußerst positiv: Er teilte seinen Vorgesetzten umgehend und unaufgefordert per E-Mail mit, wie dankbar er sei und wie sehr er sich auf das Programm bereits freue. Uns wiederum zeigte seine Reaktion, dass er persönlich auflebte und bereits nach enorm kurzer Zeit wieder zu positivem Feedback fähig war, und das allein aufgrund der Tatsache, dass er jetzt sein Talent wieder nutzen konnte. Außerdem gaben wir ihm eine sehr einfache Übung auf, die «The Three Blessings^{TM} Exercise»[1] von Marty Seligman.

Aller guten Dinge sind drei

Jeden Abend vor dem Zu-Bett-Gehen sollte er drei gute Dinge aufschreiben, die der Tag gebracht hatte. Und er sollte festhalten, warum er diese als gut, positiv und Freude bringend wahrgenommen hatte. Wichtig ist bei dieser Übung, dass es immer drei Dinge und dass sie immer positiv sein müssen. Keine Rolle dagegen spielt es, ob es sich um kleinere Begebenheiten oder die wirklich wichtigen und großen Dinge des Lebens handelt. Am nächsten Morgen erinnert man sich dann an diese drei Dinge und nimmt die positive Energie und Einstellung mit in den neuen Tag. Auf diese Weise beeinflusst man sich selbst positiv, ist aber auch in der Lage, Mitmenschen positiv anzuerkennen und zu loben. Der wichtigste Lerneffekt bei dieser Übung: Man kann die Dinge bewusst beeinflussen und daraus positive Energie entstehen lassen.

Das Glück ist ein Mosaik aus winzig kleinen Freuden.
Monrois

Diese einfache, aber sehr effiziente Aufgabe, so haben wissenschaftliche Untersuchungen ergeben, führt zu einer dauerhaften Steigerung des persönlichen Glücksgefühls und zum nachhaltigen Aufbau von wichtigen Widerstandskräften, auf die man im Falle von Rückschlägen zurückgreifen kann. Zu finden ist dieses hochwirksame Instrument mit einer detaillierten Beschreibung zur Anwendung auf der Internetseite *www.gtgd.eu*.

Schritt Drei: Zu Veränderungen bereit sein

Unser Klient war nicht nur wissbegierig, er hatte auch ein sehr ausgeprägtes Verantwortungsgefühl. Für ihn zählten Werte wie Ehrlichkeit, Leidenschaft, Verlässlichkeit, Respekt, Engagement und Loyalität. Diese erinnerten uns an den New Yorker Ex-Bürgermeister und Helden des 11. September 2001, Rudolph Giuliani: Er hat diese Werte in ähnlicher Weise zu seinen sechs Prinzipien der Führung zusammengefasst, die wir hier gerne wiedergeben möchten:
– Establish values, philosophies or beliefs!
– Develop and express optimism!
– Have courage!
– Prepare relentlessly!
– Surround yourself with great people!
– Know how to communicate!

(– Baue Werte, Anschauungen und Überzeugungen auf!
– Entwickle und lebe Optimismus!
– Sei mutig!
– Bereite dich gewissenhaft vor!
– Umgib dich mit erstklassigen Leuten!
– Sei dir bewusst, wie du deine Botschaft richtig kommunizierst!)

Wir stellten dem Geschäftsführer die Aufgabe, an seinen Werten zu arbeiten; und nicht nur das: Er sollte lernen, sie auch zu kommunizieren und sein Handeln auf diese Weise für seine Kollegen nachvollziehbar zu machen. Zugleich gaben wir ihm das ehrliche Feedback, dass er oft unfähig war, Situationen auch aus einem anderen Blickwinkel zu betrachten. Da er sich schon allzu lange auf seine Sicht der Dinge fixiert hatte, war es ihm häufig nicht möglich, die Perspektive zu wechseln. So hatte er keinen Einblick in die Entscheidungen der anderen, und verstehen konnte er sie schon gar nicht. Selbstverständlich war das auch umgekehrt der Fall: Nach und nach gelangte der Geschäftsführer zu der Einsicht, dass einige der Dinge, die er getan und entschieden hatte, bei seinen Kollegen anders ankamen, als er das beabsichtigt hatte; oft waren die Kollegen einfach nicht in der Lage, seine eigentlichen Beweggründe nachzuvollziehen. Offen sprachen wir mit ihm über diese problematische Eigenschaft und darüber, wie seine Partner sein Verhalten aufnehmen und deuten mussten. Allmählich wurde ihm bewusst, dass sein Verhalten zu seiner pessimistischen Stimmung beitrug und dass es schwierig und unangenehm für die anderen sein musste, mit ihm zusammenzuarbeiten. Unserem Geschäftsführer wurde klar, dass, sofern er nicht bereit war, sein Verhalten zu ändern, er auch nicht erwarten konnte, dass sich die anderen ändern würden.

Ein weiteres Talent unseres Klienten war die des «Relator®» – die deutsche Bezeichnung lautet «Bindungsfähigkeit»: Menschen mit einer stark entwickelten Bindungsfähigkeit wie er streben enge Beziehungen zu anderen an. Sie erleben enorme Zufriedenheit, wenn sie mit Freunden zusammen hart für ein gemeinsames Ziel arbeiten. Sie wollen Vertrauen geben, ein harmonisches Umfeld ist ihnen sehr wichtig. Mit dieser Erkenntnis öffnete er sich. Wir vermittelten ihm die Einsicht, dass man die Einstellung anderer nur verändern kann, indem man seine eigene Einstellung ändert. Durch schlechte Laune vergiftet man vor allem sich selbst.

Nach nur drei Monaten bekam «unser» Geschäftsführer von seinen Kollegen bereits ein extrem positives Feedback: Sie stellten bei ihm eine bemerkenswerte Verhaltens- und Einstellungsänderung fest. Es sei nun angenehm, mit ihm zu arbeiten. Das Zusammenwirken sei nicht nur produktiv, sondern auch respektvoll. Und: Im Gegensatz zu früher fokussiere sich ihr Kollege jetzt auch ganz klar auf seinen Verantwortungsbereich.

Unser Klient wiederum gab an, sehr zufrieden mit dem Feedback seiner Kollegen zu sein. Er sei dankbar, da er sich seit seinem Coaching als Person wahrgenommen und immer akzeptiert gefühlt habe. Außerdem mache es ihm Spaß, neue Kompetenzen zu erlangen, und er sei stolz, dass er seinen Horizont durch neue Denkweisen hatte erweitern können. Die Außensicht habe ihm gut getan.

Dieses Beispiel zeigt deutlich, wie lohnenswert ein stärkenbasiertes Coaching sein kann: Es «doktert» nicht an den Schwächen des Klienten herum, sondern stellt zunächst seine Talente und Stärken in den Mittelpunkt. Sind diese erst einmal erkannt, müssen sie lediglich noch ausgebaut und kontinuierlich eingesetzt werden. Das stärkenbasierte Coaching führt auf diese Weise zu schnellen Erfolgserlebnissen und gibt sowohl dem Klienten als auch dem Coach viele Anregungen. Aus der Perspektive der eigenen Stärken heraus ist der Klient dann auch in der Lage, die kritischen Punkte oder auch seine Schwächen offen, positiv und konsequent, aber eben ohne Druck zu bearbeiten. Außerdem wird der Klient die erlebten und neu entdeckten Ressourcen immer wieder nutzen können – auch ohne weiteres Coaching.

Wie ein Mensch seine Stärken stärken kann

Wann sind Sie das letzte Mal gelobt worden? Stellen Sie sich Ihren besten Mitarbeiter vor: Wann haben Sie ihn das letzte Mal gelobt? Heute, gestern, letzte Woche, letzten Monat, letztes Jahr? Fest steht: Lob stärkt unser Selbstbewusstsein, zeigt uns Bereiche auf, in denen wir gut sind, und treibt uns an, noch besser zu werden. «Kritik macht uns defensiv und steht so Veränderungen eher im Weg.»[2] Fakt ist aber auch: Wir loben viel zu wenig. Unsere Überzeugung ist es – und unsere Erfahrung hat uns darin bestärkt –, dass man in der Personalentwicklung in Unternehmen auf der positiven Wirkung von Lob auf das menschliche Selbstbewusstsein aufbauen und den Fokus viel mehr auf die Stärken denn auf die Schwächen der Mitarbeiter setzen sollte. Warum? Ein paar Gedanken zu Lob und Kritik sowie diverse Beispiele aus der Lebens- und Arbeitswelt sollen erste Erklärungen liefern.

*«Es ist sinnvoller, die eigenen Talente zu entwickeln,
statt an seinen Schwächen zu arbeiten.»*[3]

«Generell hat Kritik eine nachhaltigere Wirkung als Lob. Viele Untersuchungen haben gezeigt, dass wir negativen Aussagen mehr Beachtung schenken. Fragt man Menschen zum Beispiel nach Ereignissen, die für sie von besonderer emotionaler Bedeutung waren, kommen im Schnitt auf jede positive Erinnerung vier negative. Kein Wunder, dass die meisten Manager einem Feedbackgespräch mit derselben Begeisterung entgegenblicken wie ein Kind einem Besuch beim Zahnarzt.»[4] Und doch: «Es ist ein Paradox unserer Psyche, dass wir Kritik zwar intensiver erinnern, auf Lob aber stärker reagieren.»[5] Wie soll man diese Erkenntnisse nun aufs Unternehmen, zum Beispiel auf die Beurteilung und die Motivierung von Mitarbeitern, übertragen? Wie führt man in diesem Sinne seine Feedbackgespräche am gewinnbringendsten?

Selbstverständlich muss konstruktive Kritik erlaubt sein, sie hat in der Praxis zweifelsohne ihre Berechtigung: «Jedes Unternehmen ist darauf angewiesen, Mitarbeiter herauszufiltern, die mangelhafte Leistungen erbringen, und zu gewährleisten, dass jeder den gestellten Anforderungen gerecht wird. Leider kann ein Aufspüren der Schwachstellen aber auch dazu führen, dass die Mitarbeiter zu viel Energie darauf verwenden, ihre Defizite zu kompensieren.»[6] Und Dauerkritik, ein ständiges Finger-in-die-Wunde-Legen also, kann sogar zur Folge haben, dass Menschen nicht besser, sondern allenfalls verunsichert werden. Denn: Eine «übermäßige Problemorientierung [verhindert] letztlich, dass die Mitarbeiter ihre maximale Leistung erbringen»[7]. Hinter all diesen Gedanken steht die Überzeugung, dass Menschen ihre Talente immer dann am besten ausspielen und so Bestleistungen erbringen können, wenn sie sich auf ihre Stärken konzentrieren. Diese Tatsache ist wesentlicher Bestandteil der Stärkenorientierung als Säule der Positiven Psychologie.

Viele, bislang vor allem amerikanische Wissenschaftler haben sich mit dieser Thematik befasst. Neben den bereits erwähnten Christopher Peterson und Marty Seligman wollen wir im Folgenden vor allem auf den Ansatz von Marcus Buckingham, Donald O. Clifton und Tom Rath eingehen. Sie haben vorgeschlagen, «die einzigartigen Stärken des Einzelnen zu erkennen und zu fördern und ihn gerade dadurch zu exzellenten Leistungen anzuspornen». Diese Wissenschaftler vertreten die Ansicht: «Manager, die sich auf die Entwicklung ihrer Stärken konzentrieren, haben die Chance, Höchstleistungen zu erzielen. (...) Führungskräfte [können] bewusste oder unbewusste Stärken weiterentwickeln und so mehr zum Erfolg ihres Unternehmens beitragen.»[8]

Warum manche Ehen länger halten als andere

Beim Schreiben dieses Buches sind wir auf ein Beispiel gestoßen, das nicht aus dem Unternehmensbereich stammt und doch – analog den Gedanken zur Wirkung von Lob und Kritik in der Arbeitswelt – die Wirkung von positiven und negativen Interaktionen sehr gut aufzeigt: Der amerikanische Eheforscher John M. Gottman nahm 1992 bei 700 frisch verheirateten Ehepaaren eine je 15-minütige Unterhaltung auf Video auf und zählte die positiven und negativen Interaktionen während dieser Zeit. Dabei wurden sowohl die verbale als auch die nonverbale Kommunikation registriert und ausgewertet. Ausgehend von einem Fünf-zu-Eins-Verhältnis prognostizierte Gottman, ob die Paare eine glückliche Ehe führen oder sich trennen würden. Nur Paare, die auf eine negative Interaktion wenigstens fünf positive Interaktionen aufwiesen, nahm er in die Kategorie «dauerhafte Beziehung» auf. 2002, zehn Jahre später, suchte Gottman die Ehepaare wieder auf und fand heraus, dass seine Prognose zu 94 Prozent richtig war. Was verdeutlicht uns dieses Experiment? Die Häufigkeit von kleinen, positiven Interaktionen ist wichtig für den Erhalt einer Beziehung.

Übertragen auf die Unternehmenswelt wiederum heißt das: Positive Interaktionen sind gewinnbringender als negative, Lob kann insgesamt förderlicher sein als Kritik.

Ein weiteres Beispiel soll vor Augen führen, wie sehr wir oft schon von frühester Kindheit an auf die nach der Positiven Psychologie falsche, weil häufig allzu einseitige Ausmerzung unserer Schwächen «programmiert» sind. Wer schulpflichtige Kinder hat, kennt die Situation: Am Zeugnistag kommen die Kinder mit ihren Zensuren nach Hause. Und sie befürchten zu Recht, dass es so wie alle Jahre laufen wird. Die allermeisten Eltern diskutieren mit ihren Sprösslingen nämlich vor allem die schlechten Noten, über die guten Leistungen wird allenfalls nur kurz gesprochen. Manchmal wird der Nachwuchs sogar ein wenig gelobt, aber das war's dann. Im Mittelpunkt langatmiger und für beide Seiten nicht immer angenehmer Gespräche stehen leider fast immer die schlechten Leistungen und die Frage, wie sich die Schüler darin verbessern könnten. Dabei wäre es sehr viel effizienter, mit den Kindern deren Stärken – zumeist haben sie diese ja in ihren Lieblingsfächern – zu besprechen und sie zu ermutigen, eben dort noch mehr Zeit und Arbeit zu investieren. Denn auch für die Schule gilt, was für die spätere Arbeitswelt nach den Erkenntnissen der Positiven Psychologie zutrifft: «Menschen, die sich auf die Entwicklung ihrer Stärken konzentrieren, haben die Chance, besondere und konstante Höchstleistungen zu erzielen.»[9] Dort, wo sie weniger begabt und interessiert sind, werden sie hingegen aller Erfahrung nach über Mittelmaß nicht hinauskommen.

Unser letztes Beispiel schließlich fanden wir in dem Buch «How Full is Your Bucket?» von Tom Rath und Donald O. Clifton. Es ist die eigene Lebensgeschichte, die von Tom Rath mit Blick auf den 79. Geburtstag seines an Krebs erkrankten Co-Autors Don Clifton auf sehr persönliche Weise und als positives, aufmunterndes Geschenk in einen Brief packte. Rath, der schon in seiner Jugend immer wieder schwer erkrankte, verlor mit 16 Jahren aufgrund eines Tumors die komplette Sehstärke auf einem Auge. Später wurden verschiedene Tumore fast überall in seinem Körper diagnostiziert. Gleichwohl handelt der Brief nicht von Krankheiten und Problemen, sondern erzählt davon, wie Tom Rath von frühester Kindheit an von seinen Eltern und Verwandten bestärkt und mit positiven Energien «gefüttert» wurde. Seit er denken kann, wurde Tom immer genau darin gefördert, wo er gut war und wobei er sich wohlfühlte. Sei es nun, dass man ihn zum Spielen ermunterte, in der Schule unterstützte oder ihm später dann im Studium alle

Hilfe bot. Schon als Kind war ihm das aufgefallen: Die Atmosphäre bei ihm zuhause war eine andere, sie war viel angenehmer als bei seinen Freunden, so dass man sich auch logischerweise meist bei ihm traf. Er wurde nicht ständig von seinen Eltern mit Negativem konfrontiert, während viele seiner Freunde bei sich zuhause von ihrer Mutter schon an der Haustür mit Sätzen erwartet wurden wie: «Hast du etwa wieder Ärger in der Schule gehabt?» oder «Hoffentlich bist du bei der Prüfung nicht durchgefallen!»[10]. Tom Rath vergleicht das Klima in seinem Elternhaus sehr treffend mit dem amerikanischen Baseball – aus Gründen der Authentizität möchten wir seine Aussage in Englisch wiedergeben: «My house was a kind of ‹home base› where we could go to refuel on positive emotions before returning to the negativity-laden real world.» Und – bezogen auf Schule und Studium – heißt das, dass seine Eltern ihn stets dazu ermuntert haben, seinen Neigungen und Talenten nachzugehen. Auf der anderen Seite bedeutete dies natürlich auch, dass seine Eltern mit ihrer Erziehungsmethode aus Tom nie und nimmer einen Musiker hätten machen können – aber das wollten sie ja auch gar nicht. Das wäre vergebene Liebesmüh' gewesen, so wie es in einem bekannten amerikanischen Sprichwort heißt: «Never try to teach a pig to sing. It wastes your time and annoys the pig!»[11]

Zusammenfassend lässt sich sagen: Die Stärkenorientierung als Säule der Positiven Psychologie befasst sich damit, die individuellen Stärken eines Menschen herauszuarbeiten. Jeder soll sich in den Bereichen, in denen er gut ist, akzeptiert und gefördert fühlen. Dadurch verbessern sich seine Leistungen automatisch.

Gleichzeitig achtet die Stärkenorientierung aber auch darauf, dass sich die verschiedenen Stärken eines Menschen in einer ausgewogenen Proportion befinden, damit nicht eine Stärke sich durch ihre übermäßige Betonung ins Gegenteil verkehrt. Denn: «Wo viel Licht ist, da ist auch viel Schatten!» Und so wollen wir hier auch aufzeigen, wie man «Fallen» umgehen kann, die sich auftun, wenn ein Talent ins Extreme neigt.

Die eigenen Stärken entdecken: Leichter gesagt als getan

Wie kann man nun möglichst schnell und einfach seine Talente herausfinden? Dazu nutzen wir, wie bereits erwähnt, vor allem den Clifton StrengthsFinder®. In dieses web-basierte Instrument sind mehr als 30 Jahre Forschungserfahrung aus rund 50 Ländern und vielen verschiedenen Branchen eingeflossen. Mehr als zwei Millionen Menschen haben den Clifton StrengthsFinder® bislang durchlaufen, er ist derzeit in 24 Sprachen durchführbar. Die Überzeugung seiner Entwickler ist: «Ein Talent für sich allein ist weder gut noch schlecht»[12] – die individuelle Kombination der Talente führt zu hervorragender Leistung. Die Korrelation bei einer Wiederholung liegt bei 0,74 – dies zeigt, dass der Test sehr verlässliche Informationen zutage fördert.

Und wie funktioniert der Clifton StrengthsFinder® nun? Mit einem persönlichen Pincode und einem speziellen Internetlink loggt man sich auf *www.strengthsfinder.com* ein. Man durchläuft zunächst ein paar statistische Datenabfragen und wählt die Sprache des Tests. Es erscheinen dann jeweils zwei Aussagen auf dem Bildschirm, wobei man immer die Aussage anklickt, die am besten zu einem passt. Bei jedem Aussagepaar kann man sich für eine Aussage entscheiden oder auch eine neutrale Haltung einnehmen. Nach 20 Sekunden erscheint automatisch das nächste Aussagepaar, denn es sollen die ursprünglichen, spontanen Denk-, Gefühls- und Verhaltensmuster abgefragt werden. Sollte ein Aussagepaar nach 20 Sekunden vom Bildschirm verschwinden, ohne dass reagiert wurde, liefert das Instrument so lange neue Aussagen, bis ein valides Ergebnis gewährleistet ist. Nachdem man mindestens 180 Aussagepaare durchlaufen hat, erscheinen sofort die ersten fünf Talente auf dem Bildschirm. Dabei handelt es sich um allgemeine und doch schon sehr aussagekräftige Textbausteine. Gleichwohl raten wir – und haben dies auch immer so praktiziert, entscheiden sollte dies aber der Mitarbeiter selbst – zu einem anschließenden persönlichen Coachinggespräch mit einem speziell ausgebildeten «Strengths Performance Coach». In einem solchen Gespräch erfährt man einerseits noch mehr über die herausgefilterten

Talente, aber auch darüber, wie diese möglichst gewinnbringend eingesetzt und weiterentwickelt werden können.

Die Gehirnsynapsen: Ursprung unserer Stärken

Wenn wir Stärken gezielt fördern wollen, müssen wir zuerst einmal herausfinden, wie Stärken entstehen. Eine wichtige Annahme der Positiven Psychologie ist, dass Menschen weniger als landläufig vermutet veränderbar sind. Gallup definiert dies so: «Menschen sind weniger veränderbar, als wir glauben. Versuchen Sie nicht, etwas hinzuzufügen, das die Natur nicht vorgesehen hat. Versuchen Sie herauszuholen, was in Ihnen steckt. Das ist schon schwer genug!»[13] Und weiter heißt es, nicht minder wahr: «Der größte Raum für Wachstum liegt im Bereich Ihrer größten Stärken.»[14] Diese Überzeugung kann ohne Weiteres als Kerngedanke der Stärkenorientierung innerhalb der Positiven Psychologie bezeichnet werden.

Wo sind nun unsere Stärken verankert, und wann entwickeln sie sich? Die Forschung zeigt, dass unsere grundlegenden Talente tief im Gehirn «verwurzelt» sind. Vom Zeitpunkt der Geburt bis zum dritten Lebensjahr sind unsere Gehirnsynapsen hochflexibel und aktiv. Wir alle kennen dieses Verhalten von Kleinkindern: Sie müssen alles einmal ausprobieren, ertasten, in den Mund nehmen. Eben dieses Ertasten und «Erfühlen» sind die Erfahrungen, die zur Entwicklung der Gehirnsynapsen führen.

Zwischen dem dritten und dem 15. Lebensjahr findet dann die so genannte Selektion statt, das heißt, wir benutzen manche Gehirnsynapsen häufiger, weil wir feststellen, dass wir auf die gewählte Weise schnell und erfolgreich zum Ziel kommen. Das ist die entscheidende Phase für den Aufbau individueller Stärken. Der amerikanische Neurologe Harry Chugani verwen-

> *Man soll sich vor einem Talente hüten, das man in Vollkommenheit auszuüben nicht Hoffnung hat. Man mag es darin so weit bringen, als man will, so wird man doch immer zuletzt, wenn uns eimal das Verdienst des Meisters klar wird, den Verlust von Zeit und Kräften, die man auf eine solche Pfuscherei verwendet hat, schmerzlich bedauern!*
>
> *Johann Wolfgang von Goethe, «Wilhelm Meisters Lehrjahre»*

det ein einprägsames Bild hierfür. Er sagt, die meistbefahrenen Straßen (Gehirnsynapsen) werden erweitert, während diejenigen, die kaum benutzt werden, verfallen.

Nach dem 15. Lebensjahr und dann für den Rest unseres Lebens nutzen wir ein strukturiertes Netzwerk. Wir verfeinern dies sicherlich immer weiter, fügen aber kaum noch neue Gehirnsynapsen hinzu. Insofern prägen uns Kindheit und Jugend im Hinblick auf den Ausbau unserer Stärken sicherlich am meisten, und nach den Erkenntnissen der Positiven Psychologie wiederum heißt das im Umkehrschluss für Eltern: Wer sein Kind bis zur frühen Jugend in all jenen Bereichen fördert, in denen es eine spezielle Begabung und Freude an seinem Tun zeigt, der stärkt die Stärken seines Kindes.

Gerne wollen wir anhand einiger persönlicher Stärken deutlich machen, wie man sich deren Entwicklung erklären kann, welche Schlüsse man am besten aus ihnen zieht und welche Vor- und Nachteile mit individuellen Stärken verbunden sein können.

Beispiel Nina Eschemann: Talent Harmony®/Harmoniestreben
Menschen und Meinungen zusammenbringen

Ich kann mich gut erinnern: Schon als Kind habe ich immer gerne den Gesprächen der Erwachsenen zugehört. Ich habe einfach dabeigesessen, wenn sie diskutiert haben, und habe gelauscht. Kontroverse Meinungen und Konflikte innerhalb solcher Unterhaltungen habe ich dabei nie gemocht, mir war unwohl, wenn sich Gespräche zu kontroversen Diskussionen oder gar zu Streitigkeiten auswuchsen. In dieser Zeit habe ich ein Gespür dafür entwickelt, solche Dynamiken früh zu erkennen, vielleicht schon, bevor es den Diskutierenden überhaupt bewusst wurde. Statt auf den Konflikt habe ich mich immer auf die Gemeinsamkeiten fokussiert und oft nicht verstanden, weshalb diese von den Erwachsenen nicht mehr gesehen wurden. Natürlich habe ich das nicht laut und öffentlich formuliert. Das Talent des Harmoniestrebens ist ein sehr zurückhaltendes, das extrem teamorientiert agiert.

Dass dieses Streben nach Harmonie ein besonderes Talent ist, wurde mir erst durch den Clifton StrengthsFinder® bewusst. In der ersten Zeit nach dem Feedback aus dem Stärken-Test habe ich vor allem versucht, die positive Seite an meinen Wahrnehmungen schätzen zu lernen. Nur, wie konnte ich das Talent auch nach außen zeigen, wie konnte ich es möglichst gewinnbringend einsetzen? Das Vermitteln zwischen Streitenden – wenn auch nicht vor der großen Gruppe – liegt mir, liegt allgemein Menschen mit einem ausgeprägten Harmoniebedürfnis. Und dieses Talent kann man sehr gut bei Teamentwicklungen nutzen: Den Mitgliedern eines Teams, die sich aufgrund ständiger Meinungsverschiedenheiten auseinander dividiert haben, ist oft nicht mehr bewusst, wo ihre Gemeinsamkeiten liegen könnten. In diesem Moment ist das Talent des Harmoniestrebens sehr, sehr hilfreich. Man kann Meinungen und Menschen wieder zueinander bringen. Lernen muss man allerdings, Konflikte, so schwer es auch ist, erstens überhaupt und zweitens rechtzeitig anzusprechen. Sonst kann es leicht zur Konfrontation kommen, weil man die Konflikte zu lange «unter den Teppich» gekehrt hat, ohne etwas dagegen zu tun.

Beispiel Utho Creusen: Talent Focus^{TM} / Fokus
Ziele setzen und verfolgen

Ich bin jemand, der immer sehr planerisch, zielorientiert und prioritätengestützt vorgeht. Menschen mit dem Talent Focus^{TM} nutzen diese Ziele als «Kompass, mit dessen Hilfe Sie Prioritäten festlegen und notwendige Korrekturen vornehmen, die Sie wieder zurück auf den richtigen Kurs bringen»[15]. Im Handel ist dies jedoch nicht immer einfach zu leben. Handel verlangt schnelles Reagieren auf neue Entwicklungen und Kundenwünsche, einfach ein hohes Maß an Anpassungsfähigkeit. Ich kam mir in meinem ersten Job im Markt sehr unverstanden und verloren vor. Außerdem fehlte es mir an einer Methode, die mich in diesem Talent unterstützte und führte. Erst als ich ein Planungsseminar besuchte, hatte ich die Instrumente an der Hand, die mir halfen, dieses

Talent besonders nach außen wirken zu lassen und es zu kanalisieren. Im nächsten Schritt habe ich festgestellt, wie wichtig solche Instrumente auch für Menschen sind, deren Talent woanders liegt, und habe sie als Angebot der Selbstmanagementmethode ins Unternehmen eingeführt. Der Nachteil des Talents Fokus kann darin liegen, dass einem der (vielleicht berechtigte) Vorwurf gemacht wird, mit Scheuklappen durchs Leben zu gehen. Wenn man nicht gleichzeitig auch auf Flexibilität achtet, läuft man Gefahr, viele wunderbare Möglichkeiten, die sich am Wegesrand bieten, nicht mehr zu erkennen. So kann man Chancen verpassen.

Beispiel Utho Creusen: Learner®/Wissbegierde
Wissbegierig sein und leidenschaftlich lernen wollen

Ein weiteres wichtiges Talent von mir ist der Learner®/die Wissbegierde. Menschen mit diesem Talent «lernen leidenschaftlich gerne. Auf welchen Gegenstand sich ihre Wissbegier konzentriert, ist von ihren übrigen Interessen und Erfahrungen abhängig. Mehr als für den Lernstoff oder das Lernergebnis interessieren sie sich jedoch für den Lernprozess als solchen.»[16] Dies birgt allerdings auch die Gefahr, dass mich Routine schnell langweilt. So werde ich zum Beispiel bei der Bearbeitung der täglichen Post schnell ungeduldig und versuche durch organisatorische Maßnahmen und klare Delegation an das Sekretariat, diese Tätigkeit auf ein Minimum zu reduzieren, um Zeit zu haben, neue Dinge zu erkunden und zu lernen.

Talent, Stärke, Begabung – der Versuch einer Begriffsklärung

Bislang war viel von Stärken, von Talenten, von Begabungen die Rede. Damit ist, allgemein gesprochen, sicherlich immer das Gleiche gemeint, nämlich eine gute, gewinnbringende menschliche Eigenschaft. Nichtsdestotrotz möchten wir es nicht versäumen, jenen, die sich dafür interessieren, der Vollständigkeit halber im Anschluss an den soeben erläuterten theoretischen Hintergrund der Stärkenorientierung eine kurze Begriffsklärung zu liefern. Will man zum Beispiel wissen, was genau hinter einem Talent steckt beziehungsweise wie es sich zusammensetzt, sollte man zunächst einige Begriffe rund um das Talent kennen.

Fähigkeiten zum Beispiel beziehen sich auf die Methode, also das «Wie?», oder auf bestimmte Techniken. Man hat Kenntnisse und Fertigkeiten in einem speziellen Computerprogramm, kennt sich aus in Arithmetik oder vermag es, im Zehn-Finger-System Schreibmaschine zu schreiben. Neben den Fähigkeiten gibt es auch noch das Sachwissen und das Wissen aus Erfahrung. Um *Sachwissen* handelt es sich zum Beispiel bei den Regeln der Buchhaltung. Menschen, die wissen, was es braucht, ein U-Boot zu bauen, verfügen ebenso über Sachwissen wie Verkäufer, die die Eigenschaften, die Vorzüge und Nachteile eines Produktes aufzählen können. Bei persönlichen Werten oder dem Selbstbewusstsein wiederum handelt es sich um *Wissen aus Erfahrung*; hierzu zählt zum Beispiel auch, wenn man dank Erfahrung bestimmte Aufgaben den richtigen Leuten überträgt oder weiß, wen man erfolgreich als Kontaktperson einsetzen kann.

Ein *Talent* ist keine Fähigkeit oder Technik. Es ist auch nicht zu verwechseln mit Wissen, weder dem bewussten Wissen, etwa der Kenntnis der Rechtschreibregeln, noch dem Wissen über die greifbaren Vorzüge bestimmter Produkte oder dem eher unbewussten Erfahrungswissen. Das Gallup-Institut hat Talent vielmehr definiert als «ein natürliches Verhalten, welches die Person nicht ‹unterdrücken› kann, als eine ursprüngliche Reaktion auf eine bestimmte Situation […] Talent ist ein wiederkehrendes Denk-, Gefühls- und Verhaltensmuster, das produktiv eingesetzt werden kann.»[17]

Um Talente in konkrete Arbeitsergebnisse umsetzen zu können, sind aber in der Regel wiederum bestimmte Techniken, Fähigkeiten oder ein bestimmtes Wissen notwendig. So gibt es das Talent der Kreativität, aber erst in Verbindung mit der Fähigkeit, eine Präsentation auf dem Computer zu erstellen, und dem theoretischen Wissen des Marketings, das er während seines Studiums erworben hat, wird es einem Manager gelingen, eine kreative und vor allem überzeugende Marketingpräsentation zu erstellen. Umgekehrt sind Wissen und Fähigkeiten aber noch keine ausreichende Basis für Erfolg: Jemand kann noch so gut im Erstellen von Präsentationen am Computer sein und über Marketingwissen verfügen – fehlt ihm das grundlegende Talent der Kreativität, wird er schwerlich eine mitreißende Marketingpräsentation entwerfen können.

Der Clifton StrengthsFinder® definiert insgesamt 34 Talente und clustert sie in vier Kategorien. Demzufolge gibt es beziehungsorientierte (mit anderen arbeiten), wirkungsorientierte (andere aktivieren), motivierende (hart arbeiten) und mentale («smart» arbeiten) Talente.

Und was versteht man nun – nach dem Clifton StrengthsFinder® – unter den Stärken einer Person?

«Stärken sind eine Kombination aus dem Talent, dem Können und den Fertigkeiten und dem Wissen einer Person.»[18]

Können, Fertigkeiten und Wissen sind dabei von Person zu Person übertragbar, jedoch sind sie situationsspezifisch. Talente wiederum sind personenspezifisch und von Situation zu Situation übertragbar.

Marty Seligman leitet den Stärken-Begriff anders her, definiert ihn deshalb auch etwas anders, indem er zum Beispiel drei Kriterien für Stärken nennt: «Sie müssen in praktisch allen Kulturen hoch geschätzt werden. Sie müssen an und für sich und nicht nur als Mittel zu anderen Zwecken geschätzt werden. Sie müssen formbar sein.»[19] So ist die menschliche Intelligenz nach Seligman noch keine Stärke, denn sie ist eine kaum oder gar nicht erlernbare Eigenschaft. Pünktlichkeit wiederum könne zwar gelernt werden, so Seligman, sie falle aber heraus, weil sie als Mittel zu einem anderen Zweck (etwa Effizienz) dient und Pünktlichkeit zugleich nicht in jeder Kultur hoch geschätzt wird. Um nun konkrete Beispiele für Stärken anführen zu können, holt Marty Seligman etwas aus: Er greift zurück auf Religion und Philosophie, die – im Gegensatz zur wissenschaftlichen Psychologie – den Begriff der Tugend nicht vernachlässigt haben. Es sei erstaunlich, dass es über die Jahrtausende hinweg und in den verschiedensten Kulturen Über-

einstimmung darüber gebe, was Tugenden und Stärken sind. So nennt Seligmann sechs Kerntugenden:
- Weisheit und Wissen
- Mut
- Liebe und Humanität
- Gerechtigkeit
- Mäßigung
- Spiritualität und Transzendenz

Jede Kerntugend kann nochmals unterteilt werden, diese Unterteilungen «nennen wir ‹Stärken›», so Seligman. Weisheit zum Beispiel fächert Seligman weiter auf in die Stärken
- Neugier (Wissensdurst)
- Lernbereitschaft
- Urteilskraft
- Originalität
- Soziale Intelligenz
- Weitblick

Die Grundtugend Liebe wiederum umfasse die Stärken
- Menschenfreundlichkeit
- Großzügigkeit
- Pfleglichkeit
- die Fähigkeit, nicht nur zu lieben, sondern auch geliebt zu werden[20]

Stärken, die charakteristisch für einen Menschen sind, nennt Seligman Signatur-Stärken. Der Psychologe ist überzeugt, dass man nicht allzu viel Mühe darauf verwenden sollte, seine Schwächen zu korrigieren. Vielmehr würden der größtmögliche Lebenserfolg und die tiefste emotionale Befriedigung dann entstehen, wenn man seine Signatur-Stärken ausbaue und einsetze. Ein gutes Leben führen und echtes Glück erfahren könne man dann, wenn man seine Signatur-Stärken jeden Tag zum Einsatz bringen kann.[21]

Aus dem Umkreis der Begriffe Talent und Stärke sei schließlich noch der in unseren vorangegangenen theoretischen Erläuterungen bislang noch nicht erwähnte Begriff der Ressource genannt. Die deutsche Psychologin Ann Elisabeth Auhagen schlägt im Hinblick auf den Stärken-Begriff die Unterscheidung in so genannte personale und soziale Ressourcen vor. Stärken umfassen nach Auhagen lediglich «jenen Aspekt des Positiven (…), der sich ausdrücklich auf eine genauer bestimmte Gruppe von persönlichen Merkmalen bezieht», die personalen Ressourcen also. Es sei daher «sinnvoll, den Gegenstand der Positiven Psychologie um psychologische Aspekte aus dem Umfeld der Person – so genannte soziale Ressourcen – zu erweitern»[22]. Die Psychologin bezeichnet diesen schwer zu definierenden Begriff als Modewort in der Psychologie, wird er doch im Zusammenhang mit Gesundheit und Prävention ebenso verwendet wie im Bereich der sozialen Beziehungen oder des Wissensmanagements.

Eine Ressource ist nach Auhagen «eine mögliche Hilfsquelle zum Erreichen von Zielen, Zuständen, Veränderungen, Optimierungen und Ähnlichem»[23]. Und auch wenn der Ressourcen-Begriff zum Abschluss unseres Versuches, die vielen Begriffe rund um Stärke, Talent und Begabung zu klären, auf den ein oder anderen vielleicht zu theoretisch wirken mag, eines macht er zweifelsohne deutlich: Die Analyse und Auswertung der persönlichen Stärken erschließt lohnenswerte Reserven.

Denkmuster

Input Filter Reaktion

Abb. 2; Copyright © 2000: The Gallup Organization, Princeton, NJ

Denn gleich mit welchem Instrument oder mit welcher Vorgehensweise man seine Talente herausfindet, es ist für die eigene Person wichtig, den persönlichen Talentfilter zu kennen und die Potenziale daraus auszuschöpfen. Wie die Grafik zeigt, ist die Reaktion auf eine Situation immer individuell: Wir erleben gleiche Situationen aufgrund unserer ganz persönlichen Denkmuster völlig verschieden. Während die eine Person vielleicht eher Angst vor der Situation hat und zunächst fliehen möchte, freut sich eine andere Person über die Chance und Herausforderung. Das erfordert, die eigenen Denkstrukturen zu verstehen, aber eben auch die der anderen Menschen anzuerkennen und wertzuschätzen. Kein Talent steht über dem anderen!

Organisationen, Unternehmen zumal, sind darauf angewiesen, nicht nur die Talente der einzelnen Mitarbeiter zu fördern, sondern sie in einem größeren Zusammenhang, im Rahmen ihrer Teams, zu sehen. Das wollen wir anhand zweier Beispiele und eines kurzen theoretischen Abrisses im zweiten Teil des Kapitels Stärkenorientierung veranschaulichen.

Beispiel: Unterschiede verstehen, eine gemeinsame Basis finden

Folgende Situation aus einem internationalen Führungsteam:

Ein neues Land soll erschlossen werden, die Geschäftsführer der Bereiche Einkauf, Vertrieb und Administration gehen an den Start. Gleich zu Beginn absolvieren sie eine Teambildungsmaßnahme. So sind ihnen die persönlichen Stärken und Schwächen gegenseitig bewusst. Alle Geschäftsführer verfügen über ausgeprägte Talente, was ihre Zielorientierung, ihre Ideen und ihre Vorstellungskraft sowie ihre Neugier betrifft. Disziplin, Vergangenheitsbetrachtung und Einfühlungsvermögen dagegen sind weniger ausgeprägt. Das Führungsteam soll sich also gemäß seiner Talente weniger mit Routinetätigkeiten beschäftigen, das würde alle nur langweilen, und keines der Teammitglieder hätte daran wirklich Freude. Stattdessen tut es allen gut, wenn sich die

Geschäftsführer mit einer Zukunftsvision und neuen Ideen auseinandersetzen können. Jeder wird ganz automatisch sein Bestes geben. Das Talent der Zielorientierung schließlich hilft der Führungsmannschaft dabei, den Mitarbeitern Perspektiven zu geben und ihnen klare Vorgaben zu setzen.

Das Team am neuen Standort im Ausland wächst zügig, die drei Manager stellen nach und nach immer mehr Leute ein. Da ihnen selbst die Teambildungsmaßnahme nicht nur Spaß gemacht, sondern nach eigenem Bekunden auch strategische Klarheit vermittelt hat, schlagen sie auch ihren Mitarbeitern eine solche Maßnahme vor. Die allermeisten entscheiden sich denn auch dafür.

Im Zuge der Markterschließung entstehen jedoch immer wieder Streitigkeiten zwischen den Teams der Bereiche Administration, Einkauf und Vertrieb. Oft ist man unterschiedlicher Meinung und kann – oder will – die «Gegenseite» nicht so recht verstehen. Ein effizientes und erfolgreiches Arbeiten im Team scheint häufig nicht mehr möglich zu sein. Zwischen dem Vertrieb und der Verwaltung zum Beispiel kommt es immer wieder zu Missstimmigkeiten, weil nach Ansicht des Vertriebsmanagers und seines Teams die Administration in punkto Schnelligkeit zu wünschen übrig lässt. Für den Geschäftsführer in der Verwaltung und für seine Leute jedoch ist Schnelligkeit weniger wichtig, stattdessen zählen für sie Klarheit und Präzision. Die ermittelten Zahlen müssen stimmen, man kann sich keinen Fehler erlauben, schließlich werden sie innerhalb des Konzerns auch an höhere Stellen weitergereicht. Und genau hier liegt das Problem: Das war dem Vertrieb lange Zeit nicht bewusst. Erst im Zuge der Teambildungsmaßnahme hat der Vertrieb und haben auch die Geschäftsführer in den einzelnen Märkten vor Ort diese Dimension erkannt und verstanden. Bislang war ihnen lediglich ihre eigene Sichtweise vertraut: Sie brauchen das Zahlenmaterial auch – und zwar immer am besten so schnell wie möglich, um zum Beispiel durch entsprechende Bevorratung der Produkte oder durch Werbemaßnahmen so effizient wie möglich auf die Entwicklung im Markt und die Bedürfnisse der Kunden reagieren zu können. Alle Beteiligten werden sich deshalb darüber klar: Mit dieser unterschiedlichen Bewertung der Situation, ohne Verständnis für die jeweils andere Seite und ohne ein Sich-aufeinander-zu-Bewegen kann es nicht weitergehen. Will man in Zukunft erfolgreich sein, braucht man eine gemeinsame Basis.

Mit dieser Überzeugung lassen sich die drei Geschäftsführer und ihre Teams erneut coachen. Dazu ermitteln wir mit dem so genannten Teamblend (vergleiche hierzu den Punkt «Die Stärken des Einzelnen mit denen des Teams in Einklang bringen») zunächst die Stärken der einzelnen Personen und ihrer Teams und legen die Profile zum besseren Verständnis neben- beziehungsweise übereinander. Das Team der Vertriebsmanager zum Beispiel ist besonders stark in den Bereichen Leistungsorientierung, Wettbewerbsorientierung und in dem Wunsch nach Höchstleistung. «Softere» Talente wie Einfühlungsvermögen, Harmoniestreben und Disziplin treten demgegenüber in den Hintergrund. Das Team der administrativen Manager fühlt sich sehr stark verantwortlich für sein Tun, es ist enorm leistungs- und zielorientiert. An Wettbewerbsorientierung und Kommunikation mangelt es hingegen. Das Team des Einkaufs wiederum zeichnet sich durch das Geschick aus, lang anhaltende Beziehungen aufzubauen. Die Teams treten allesamt sehr selbstbewusst auf und lassen sich gern von interessanten Ideen und Vorstellungen motivieren. Behutsamkeit und Disziplin sind bei ihnen weniger vorhanden.

Gemeinsam entwickelte Spielregeln sorgen für effizientes Arbeiten im Team

In einer gemeinsamen Sitzung aller drei Teams werden nun die jeweiligen Teamprofile diskutiert. Sie werden miteinander verglichen, die Bedürfnisse der Kollegen, aber auch die Rahmenbedingungen für deren Arbeit, werden bewusst gemacht. Auf diese Weise entsteht Verständnis für die jeweils anderen Denkstrukturen und Vorgehensweisen. Alle Seiten können nun die jeweiligen Beweggründe des Handelns, aber auch die Restriktionen besser nachvollziehen. Die Verwaltung zum Beispiel gewinnt nun einen Blick dafür, weshalb der Vertrieb immer drängelt und Druck gemacht hat, wenn es um die Zahlen ging. Umgekehrt hat nun auch die Verkaufsseite mehr Verständnis für die Administration und für den Hang, immer auf «Nummer sicher» zu gehen. Auf beiden Seiten stellt sich ein Aha-Effekt ein. Als Folge kommt es zu der Absichtserklärung, sich in Zukunft im gegenseitigen Arbeiten mehr zu respektieren, dem Gegenüber aber auch, so gut es geht, entgegenzukommen und es zu unterstützen.

Am Ende der Diskussion werden konkrete Maßnahmen festgelegt. Gemeinsam entwickelt man Teamspielregeln, die für die zukünftige Zusammenarbeit gelten sollen. Diese Spielregeln, von allen Beteiligten mitverantwortet, geben die konkreten, im Alltag umsetzbaren Maßnahmen vor, dank derer die Schlagkraft der gesamten Mannschaft optimiert werden soll. Besonders schön und Bestätigung für unsere Arbeit und unseren Einsatz ist, dass diese Maßnahme seither jedes Jahr wiederholt wird. Dadurch werden neue Mitarbeiter ins Team integriert. Das Bewusstsein für die anderen Profile, für die Bedürfnisse der Kollegen schärft sich ständig neu. Zugleich bietet der wiederholte Teamblend die Möglichkeit, die einmal definierten Spielregeln immer wieder auf den Prüfstand zu stellen und sie an gegebenenfalls neue Umstände und Rahmenbedingungen anzupassen.

Beispiel: Dankbarkeit als ein möglicher Ausweg aus Konfliktsituationen

Wieder sind wir in einem Führungsteam, erneut besteht es aus drei Geschäftsführern. Dieses Mal ist zwischen zweien der drei Manager ein offener Streit über die Frage des richtigen Standorts eines Markts entbrannt. Der dritte Geschäftsführer versucht, sich neutral zu verhalten. Er schlägt sich weder auf die eine noch auf die andere Seite. Aber nach dem Grundsatz «Du bist nicht nur verantwortlich für das, was du tust, sondern auch für das, was du nicht tust», ist seine Neutralität unserer Überzeugung nach nicht unbedingt die beste Verhaltensweise – jedenfalls nicht für Menschen mit Profil und Charakter, wie es sie in diesem Unternehmen geben sollte. Der Disput zwischen den zwei Kollegen entbrennt binnen kurzer Zeit derart heftig und die Fronten erhärten sich so schnell, dass eine Konfliktlösung untereinander, ohne Hilfe von außen, ausgeschlossen scheint. Die beiden internationalen Führungsleute ziehen ihre Auseinandersetzung deshalb auf die nächsthöhere Ebene. An die Geschäftsführung der Zentrale gelangen aber nicht nur sachliche Argumente der Konfliktparteien, leider schrecken die beiden Geschäftsführer auch nicht davor zurück, sich gegenseitig anzuschwärzen. Eine äußerst verfahrene Situation. Die Vorgesetzten bestehen deshalb auf einer Teamentwicklungsmaßnahme. Und an dieser Stelle wird auch der dritte, an sich neutrale Geschäftsführer miteinbezogen. Durch die Maßnahme soll versucht werden, das verloren gegangene, aber für eine erfolgreiche Zusammenarbeit unbedingt notwendige gegenseitige Vertrauen wieder aufzubauen.

Klarer Schnitt und Dankesbrief

In einem ersten Schritt haben wir mit allen drei Managern vertrauliche Gespräche geführt. Jeder sollte die Gelegenheit haben, uns seine Sichtweise der Dinge zu erläutern. Auf diese Weise wollten wir den Hintergründen der so verhärteten Positionen auf die Spur kommen. Eine unserer grundlegenden Absichten war es, gegenseitige Schuldzuweisungen zu vermeiden. Stattdessen sollte ein klarer Schnitt zwischen den Vorfällen der Vergangenheit und der zukünftigen Zusammenarbeit erfolgen. Wesentlich ist das Fokussieren auf das Positive: Schimpfen und Lamentieren über die negativen Ereignisse der Vergangenheit würden die Fronten nur weiter erhärten und positive Veränderung verhindern.

An dieser Stelle führten wir nun einen ganz neuen Gedanken in die Diskussion ein: Die Manager sollten darüber nachdenken, wofür sie ihrem Kollegen dankbar sind und was sie von ihm erwarten. In der Positiven Psychologie heißt diese Übung, basierend auf Marty Seligman, Gratitude Letter oder auch Gratitude visit[TM24]. In der Teamentwicklungsarbeit haben wir diese Übung etwas verändert und bewusst auch einen Ausblick auf die Zukunft hinzugefügt. Jeder schreibt seinem Kollegen spontan einen Brief. Darin dankt er ihm für drei Dinge aus der Vergangenheit. Zugleich formuliert er drei Erwartungen an den Kollegen. Dies stärkt das Bewusstsein für die Hilfe und Unterstützung, die man erfahren hat, und erlaubt auch, Erwartungen an die zukünftige Zusammenarbeit zu stellen. Insofern bearbeitet diese Übung gleich zwei zeitliche Dimensionen der positiven Emotionen: die Vergangenheit und die Zukunft. Zum Schreiben hatten die Geschäftsführer eineinhalb Stunden Zeit. Dann wurden die Briefe im Kollegenkreis vorgelesen.

Keine Frage, zunächst waren die Manager verwundert. Sie fanden es etwas absurd, sich gegenseitig einen Brief zu schreiben und auch noch nach Dingen aus der Vergangenheit zu fahnden, für die man dem Gegenüber dankbar sein sollte. Nach und nach entwickelte das Führungstrio aber sichtlich Interesse daran, ja Neugier auf das gegenseitige Feedback und den Dank. Vieles, was genannt wurde, war zunächst gar nicht mehr bewusst gewesen, auch die Auswirkung so mancher Gegebenheit entweder unter- oder überschätzt worden. Mit dieser Übung konnten die Kollegen die Einschätzung bestimmter Dinge und ihre Wahrnehmung gegenseitig schärfen.

Mit sehr vielen ehrlichen Versprechen trennte man sich nach dieser Übung: Man wollte nach außen nicht mehr kritisch über die Kollegen sprechen, stattdessen sollte hundertprozentige Loyalität die Zusammenarbeit bestimmen. Probleme wollte man zeitig ansprechen und sie vor allem innerhalb des Kollegenkreises diskutieren. Man vereinbarte ein integratives Verhalten fürs Team: Konstruktives und konfrontatives Vermitteln sollten die Diskussionen der Zukunft bestimmen. Die Geschäftsführer wollten fortan mit einer Stimme nach außen sprechen und auf diese Weise die Vorbildrolle für ihre Mitarbeiter leben. Es sollte einen offenen Austausch von Informationen und Meinungen sowie immer wieder ehrliches persönliches Feedback geben. Auch wenn Entscheidungen nicht immer einstimmig gefällt werden, so sollte doch die Solidarität hinsichtlich der Durchsetzung von Strategien fortan oberstes Prinzip sein. Schließlich wollte man die gegenseitige Reputation stärken und die Kollegen konstruktiv fordern und fördern.

Die Erwartungen, die im Dankesbrief formuliert waren, wurden verstanden und konnten akzeptiert werden. Dazu gehörte, dass die definierten Spielregeln ebenso eingehalten wurden wie die jeweiligen Zuständigkeiten. Eine aktive und konstruktive Streitkultur sollte gelebt, jeder Managementbereich anerkannt, wertgeschätzt und respektiert werden. Die Kommunikation sollte offen und ehrlich sein. Man wollte unterhalb der Landesgeschäftsführung eine starke Führungsmannschaft installieren und künftig fokussiert – nach dem Motto «Weniger ist mehr!» – an den wirklich wichtigen Dingen arbeiten. Dabei sollte jeder seine Ideen einfließen lassen und seine Erfahrung einbringen können. Die drei Geschäftsführer haben ihr Credo für die Zukunft wie folgt auf den Punkt gebracht: «Wir sind drei gleichwertige Manager. Wir haben eine Vorbildfunktion. Jeder lebt seinen Bereich. Wir haben jedoch ein offenes Ohr für die Kommentare der Kollegen. Wir pflegen Nähe und Kommunikation.»

Wir waren selbst überrascht, wie sehr sich das Führungstrio während der Maßnahme gegenseitig geöffnet hat. Wir mussten abschließend nur noch die entstandene positive Einstellung unterstreichen, indem wir die Stärken des Teams betonten, das Teamprofil klar definierten und die Aktionspunkte zusammen mit den Managern herausarbeiteten.

Die Stärken des Einzelnen mit denen des Teams in Einklang bringen

Die persönlichen Stärken zu kennen und sie bewusst und produktiv einzusetzen, ist das Eine. In Unternehmen arbeiten wir jedoch in Teams. Deshalb ist es unabdingbar, die Stärken des Einzelnen mit jenen des Teams in Einklang zu bringen. Auch hier kann die Positive Psychologie ihren Beitrag leisten, auch hier kann die Fokussierung auf die menschlichen Stärken weiterhelfen.

Als geeignetes Instrument zur Stärkenorientierung innerhalb von Teams sei an dieser Stelle der so genannte und in unseren Beispielen bereits erwähnte Teamblend angeführt. Der Hintergedanke ist dabei ebenso einfach wie logisch: Teams müssen sich auf Basis ihrer Talente zunächst besser kennen lernen. Denn wer sich gegenseitig nicht kennt, wer sich nicht für den anderen interessiert, wer ihn nicht verstehen will oder auch nicht weiß, wie der andere «tickt», der wird niemals mit ihm gemeinsam, der wird niemals in seinem Team effizient und erfolgreich arbeiten. Wie funktioniert der Teamblend nun genau?

Zuallererst ermittelt man die Stärken eines jeden Mitarbeiters. Die Talente der einzelnen Teammitglieder werden dann vom Coach allen Beteiligten vorgestellt. Zum Schluss werden alle Talente nebeneinander gelegt und die Talentzusammenstellung des Teams kommentiert. Dazu nutzen wir ganz bestimmte Kriterien – insgesamt elf an der Zahl –, die nach unserer Einschätzung und gemäß unserer Erfahrung Grundvoraussetzung für exzellente Teamarbeit sind:

1. Analytische Kompetenz
2. Neugier
3. Zukunftsorientierung / Strategische Kompetenz
4. Vertrauen / Soziale Kompetenz
5. Ziel- und Ergebnisorientierung
6. Flexibilität / Markt- und Kundenorientierung / Veränderungskompetenz
7. Leistungsorientierung
8. Selbstbewusstsein / Führungsfähigkeit / Konfliktmanagement
9. Verlässlichkeit
10. Kommunikation
11. Teamorientierung

Summary

Stärken

- entstehen in Kindheit und früher Jugend und sind tief im menschlichen Gehirn verankert.
- sind eine Kombination aus dem Talent, den Fähigkeiten und dem Wissen einer Person. Ein Talent wiederum wird in der Positiven Psychologie als «ein natürliches Verhalten, welches die Person nicht ‹unterdrücken› kann, als eine ursprüngliche Reaktion auf eine bestimmte Situation» definiert. «Es ist ein wiederkehrendes Denk-, Gefühls- und Verhaltensmuster, welches produktiv eingesetzt werden kann.» Fähigkeiten sind das «Wie?» oder die Techniken, bei Wissen kann es sich entweder um Sach- oder um Erfahrungswissen handeln.
- zu stärken ist nach Überzeugung der Positiven Psychologie sinnvoller als an seinen Schwächen zu arbeiten. Die Stärkenorientierung befasst sich damit, die individuellen Stärken herauszuarbeiten, sich in diesen Bereichen wohl zu fühlen und noch besser zu werden. Die Stärkenorientierung als Instrument der Personalentwicklung wird Mitarbeiter daher eher zu Höchstleistungen motivieren als das «Herumdoktern» an den Defiziten.
- wollen nicht isoliert betrachtet werden: Immer wenn Menschen in Teams arbeiten, ist es wichtig, dass die persönlichen Talente der einzelnen Mitarbeiter mit jenen des Teams in Einklang gebracht werden.
- sind oftmals nicht leicht zu erkunden. In der Personalarbeit nutzen wir deshalb den Clifton StrengthsFinder®, um die persönlichen Talente herauszufiltern, und den Teamblend, um, ausgehend von den individuellen Stärken, ein Teamprofil zu entwickeln.

Anmerkungen Kapitel 2

[1] Quelle: www.reflectivehappiness.com.
[2] Morgan, Laura / Spreitzer, Gretchen / Dutton, Jane / Quinn, Robert / Heaphy, Emily / Barker, Brianna: Wie Sie Ihre Stärken besser ausspielen. In: Harvard Business manager, April 2005. S. 3.
[3] Ebd., S. 2.
[4] Ebd., S. 2.
[5] Ebd., S. 3.
[6] Ebd., S. 2 f.
[7] Ebd., S. 3.
[8] Ebd., S. 3.
[9] Nach Gallup Materialien, Copyright © The Gallup Organization, Princeton, NJ. All rights reserved.
[10] Clifton, Donald O. / Rath, Tom: How full is your Bucket? Positive Strategies for Work and Life. New York: Gallup Press, 2004. S. 70.
[11] Ebd., S. 71.
[12] Ebd., S. 70.
[13] Clifton, Donald O. / Buckingham, Marcus: Entdecken Sie Ihre Stärken jetzt! Das Gallup-Prinzip für individuelle Entwicklung und erfolgreiche Führung. Frankfurt am Main, Campus Verlag GmbH, 2007. S. 84.
[14] Nach Gallup Materialien, Copyright © The Gallup Organization, Princeton, NJ. All rights reserved.
[15] Ebd.
[16] Clifton, Donald O. / Buckingham, Marcus: Entdecken Sie Ihre Stärken jetzt! Das Gallup-Prinzip für individuelle Entwicklung und erfolgreiche Führung. Frankfurt am Main, Campus Verlag GmbH, 2007. S. 104.
[17] Ebd., S. 137.
[18] Nach Gallup Materialien, Copyright © The Gallup Organization, Princeton, NJ. All rights reserved.
[19] Clifton, Donald O. / Buckingham, Marcus: Entdecken Sie Ihre Stärken jetzt! Das Gallup-Prinzip für individuelle Entwicklung und

erfolgreiche Führung. Frankfurt am Main, Campus Verlag GmbH, 2007. S. 53.
[20] Nach ebd., S. 37.
[21] Seligman (2003), S. 32.
[22] Sämtliche Erläuterungen und Hintergründe zu Begriff und Wesen der Kerntugend aus ebd., S. 32 f.
[23] Ebd., S. 36.
[24] Auhagen (2004), S. 6.
[25] Ebd., S. 6.
[26] Ebd., S. 7.
[27] Quelle: www.reflectivehappiness.com.

Kapitel 3

Flow: Die Zeit vergessen – im eigenen Tun aufgehen

Beispiel: Ein Geschäft geht an den Start

Folgende Situation aus dem Handel:

Ein Ladengeschäft soll eröffnet werden. Es herrscht hektische Betriebsamkeit. Jeder hat alle Hände voll zu tun.

Der Zeitplan ist eng, mehr noch: er ist ehrgeizig. So wie auch die Ziele des künftigen Geschäftsführers. Zum Start möchte er eine Punktlandung hinlegen. Das heißt konkret: Der Kaufmann will am Eröffnungstag eine Million Euro Umsatz schaffen. Doch bis dahin ist es noch ein weiter Weg. Und viel zu tun. Der Geschäftsmann weiß: Allein kann er nur wenig bewegen, ohne eine motivierte Mannschaft geht gar nichts.

Selbstverständlich hat der Unternehmer seine Hausaufgaben gemacht: Die Geschäftsidee ist ausgereift, ein solider Grundstock an Kapital vorhanden. Nachdem er die Lage und das Einzugsgebiet genauestens unter die Lupe genommen hat, konnten geeignete Geschäftsräume angemietet werden.

Sie wurden gerade erst vom Vermieter übergeben. Und schon sind es nur mehr wenige Wochen bis zur großen Eröffnung. Noch immer ist der Laden eine einzige Großbaustelle, Unmengen an Kabeln und der Bodenbelag wollen verlegt werden. Handwerker tummeln sich an allen Ecken und Enden. Daneben müssen natürlich auch unzählige Meter Regal aufgestellt und die Kassensysteme funktionsfähig gemacht werden. Dafür ist das künftige Verkaufsteam zuständig. So wie auch für das Herzstück des neuen Markts: die Ware. Sie soll von den eben erst eingestellten Mitarbeitern ausgepackt, ausgezeichnet und schön eingeräumt werden. Alles binnen kürzester Zeit. Ein enormer Druck – für alle Beteiligten. Und eben viel Arbeit für ein Team, das sich gerade erst findet. Aber genau darin liegt die besondere Herausforderung für den Geschäftsführer. Wird es ihm gelingen, aus einer eilig zusammengewürfelten Mannschaft ein Team zu bilden?

Mitarbeiter zu finden ist nicht schwer, sie dauerhaft zu begeistern eine Kunst

Mit großer Sorgfalt geht er diese Aufgabe an:
Bevor es an die eigentliche Arbeit im Laden geht, gibt er den Menschen erst einmal Zeit, um sich gegenseitig kennen zu lernen. «Team-Tage» nennt er das Ganze. Jeder soll etwas von sich erzählen, jeder soll etwas vom anderen erfahren. So hört man durchaus schon mal etwas Persönliches von der künftigen Kollegin oder kann über eine nette Anekdote aus dem Privatleben des frisch gebackenen Verkaufsleiters schmunzeln. Alle sind mit sehr großer Ehrlichkeit bei der Sache, alle sind ganz gespannt auf die gemeinsame Herausforderung. Während dieser Zeit lernen sich die neuen Mitarbeiter nicht nur besser kennen, sie erfahren jetzt auch schon sehr viel über die Stärken und Schwächen der anderen.
Fernab des Trubels rund um den Aufbau im neuen Markt kümmert sich der Geschäftsführer während dieser Teambildungstage besonders um seine künftige Führungsmannschaft. Nicht, weil er sie als etwas Besseres im Vergleich zum «normalen» Verkaufsmitarbeiter ansieht oder ihnen gar eine Sonderstellung einräumen möchte. Vielmehr weiß der Unternehmer, dass er die Führungscrew als Mittler und Sprachrohr im Geschäftsalltag später besonders brauchen wird. Er führt seinen Laden schließlich nach dem *Coaching-Prinzip*. Das bedeutet: Der Unternehmer führt seine Führungskräfte, diese wiederum geben Informationen und Motivation an ihre Mitarbeiter weiter. Ein gutes Coaching ist somit Grundvoraussetzung für ein gutes Team. Und jede Minute, die

der Unternehmer jetzt in gutes Coaching investiert, wird sich später bezahlt machen.

«Stress ist super, wenn man weiß, wofür man arbeitet.»

Zurück im Laden: Der Eröffnungstag naht. Alle Mitarbeiter packen kräftig mit an, jeder ist auf seinem Posten. Jeder weiß, was er zu tun hat. Trotz aller Hektik und allen Drucks kommt keine schlechte Stimmung auf. Im Gegenteil: Die Atmosphäre ist enorm gut, das Klima könnte besser nicht sein. Der Grund: Jeder Mitarbeiter hat das Gefühl, dass alle am selben Strang ziehen. «Stress ist super, wenn man weiß, wofür man arbeitet», sagen sie. Die Mitarbeiter legen sich ins Zeug, als ob es ihr eigener Laden wäre. Keiner ruht sich auf der Arbeit der anderen aus, niemand beschwert sich wegen der vielen Überstunden. Alle haben sie die Eröffnung als erstes großes Etappenziel vor Augen, sie arbeiten hart und leisten vollen Einsatz – praktisch rund um die Uhr. Und dabei erzählen die Mitarbeiter auch noch, dass ihnen die Arbeit Spaß macht.

Da jeder weiß, wie hart auch die anderen arbeiten, findet sich die Mannschaft schnell zu einem Team. Der große Tag kann kommen. Der Ansturm am Eröffnungstag ist gigantisch, die Mitarbeiter werden voll gefordert, zeigen erneut vollen Einsatz – und sind wieder einmal ganz in ihrem Element. Nach mehr als zwölf Stunden naht der Ladenschluss. Doch das bedeutet für die Mitarbeiter noch nicht automatisch Feierabend. Das Team muss nun noch alles für den zweiten Tag herrichten, das heißt: erneut Ware in die Regale einräumen und – leider schon wieder – Überstunden machen. Doch der Kassensturz am Abend belohnt für das außergewöhnliche Engagement: Eine Million Euro Umsatz. Das gemeinsame und zugleich hoch gesteckte Ziel ist erreicht. Die Eröffnung war ein voller Erfolg.

Dafür gibt es einen entscheidenden Schlüssel: Der Geschäftsführer hat für seine Mannschaft die richtige Formel für eine gute *und* erfolgreiche Zusammenarbeit gefunden. Und dabei hat er in punkto Personalführung ganz einfaches Handwerkszeug und nicht irgendwelche suspekten psychologischen Tricks angewendet. Auch hatte sein Vorgehen nichts mit Hexerei zu tun, sein Rezept war ganz einfach:

Erstens hat er natürlich zunächst das Glück gehabt, *die richtigen Mitarbeiter* zu finden – Menschen, die entweder schon von Haus aus motiviert sind oder aber über die Aufgaben, die ihnen gestellt werden, motiviert werden können. Der Geschäftsführer hat deshalb nach Mitarbeitern gesucht, die gerne mit anderen Menschen in Kontakt treten, die viele Anforderungen gleichzeitig bewältigen wollen und dazu auch in der Lage sind, und die die richtigen Talente für die jeweiligen Aufgaben mitbringen. Die neuen Mitarbeiter sollten zudem über einen hohen Einsatzwillen verfügen und begeisterungsfähig sein. Außerdem legte der Geschäftsführer großen Wert auf eine gute Portion Unternehmergeist, auf Ausdauer und Konzentrationsfähigkeit seiner Leute. Nicht minder schätzte er den Mut der Bewerber: Sie sollten ihre eigene Meinung bewusst vertreten, eine hohe Entscheidungskraft sowie Selbstverantwortung und Delegationswillen mitbringen. Er suchte nach Menschen, die aktiv in die Dinge einbezogen werden und nicht untätig oder gar am Rand stehen wollen.

Damit sind wir beim zweiten Punkt, den Aufgaben: Der Geschäftsführer hat mit seinen Leuten *herausfordernde Ziele* vereinbart. Dabei hat er seine Mitarbeiter nicht über-, sondern gerade so weit herausgefordert, sie sozusagen aus der Reserve gelockt, dass sie ihre Stärken und Talente so gut wie möglich zum Einsatz bringen konnten und wollten. Dabei ist der Geschäftsmann selbst seinen Mitarbeitern das größte Vorbild. Er ruht sich nicht in seinem Sessel aus, sondern packt ebenso hart an wie alle anderen. Schnell hat ihn deshalb das gesamte Team als Chef akzeptiert. Sein Wort hat Gewicht, weil auch er sich danach richtet und sein Verhalten somit authentisch ist. Er tritt nicht nur vordergründig für seine Überzeugung ein, er lebt sie auch. Seine Führungsqualitäten kommen auf diese Weise voll zum Einsatz.

Drittens hat der Geschäftsführer schließlich *ein Umfeld* geschaffen, das jeden Einzelnen spüren lässt, dass es auf ihn ankommt und dass auch er gebraucht wird. Damit ein solches Umfeld entstehen konnte, waren die zuvor erwähnten Team-Tage ein wertvolles Instrument der Mitarbeitermotivation. Das Coaching-Prinzip wiederum war im Hinblick auf das richtige Führen der Führungskräfte und deshalb für das Funktionieren des gesamten Betriebes immens wichtig. So wussten die Mitarbeiter von Anfang an, dass sie sehr viel Eigenverantwortung tragen dürfen. Ganz automatisch waren sie deshalb mit großer Freude und Begeisterung bei der Arbeit. Jeder hat sich ganz besonders angestrengt und sich über die Maßen für das gemeinsame Ziel engagiert. Und weil alle wussten, dass jeder am gleichen Strang zieht, war auch die Atmosphäre im Team logischerweise sehr harmonisch.

«Im Flow sein» oder: Wie man ganz in seinem Tun aufgeht und auf diese Weise Höchstleistungen erbringt

Ein Geschäft zu eröffnen ist zweifelsohne ein sehr aufregender Moment, für Mitarbeiter und Geschäftsführer. Deshalb mag es im skizzierten Fall nicht verwundern, wenn im Team eine besondere Spannung herrscht und sich alle ganz außergewöhnlich engagieren. Derartige Highlights stehen im Beruf aber nicht ständig auf der Tagesordnung. Die Herausforderung liegt darin, aus dem Alltag etwas Besonderes zu machen.

Wie geht man diese schier unlösbare Aufgabe an? Wie gelingt es *dem einzelnen Mitarbeiter*, sein Tun so oft wie möglich als Befriedigung oder sogar beglückend zu erleben und voll in seiner Arbeit aufzugehen? Welche Rahmenbedingungen muss *der Unternehmer* schaffen, um seine Mitarbeiter dauerhaft dazu zu bewegen, alle ihre Talente aus sich herauszuholen und gerne Spitzenleistungen zu erbringen?

Mihaly Csikszentmihalyi: Sinn gesucht, Flow gefunden

Die Lösung liegt im Flow. *Erst wer im Flow (Englisch für: fließen, im Fluss sein) ist, kann Außergewöhnliches leisten.* Was genau aber ist mit

Flow gemeint? Hier kommt die Glücksforschung, eine spezielle Richtung der Positiven Psychologie, ins Spiel und mit ihr der Entdecker des Flow-Konzepts, der ungarisch-amerikanische Psychologe Mihaly Csikszentmihalyi. Sein Leben ist dabei bereits der beste Beweis für Flow: Indem er als Wissenschaftler auch für sich persönlich nach einem guten und erfüllten Leben gesucht hat, hat Csikszentmihalyi das Phänomen Flow entdeckt. Die nachfolgend beschriebenen Etappen seiner Vita[1] zeigen, wie er auf Flow gestoßen ist.

Mihaly Csikszentmihalyi wird 1934 in Italien geboren. Sein Vater ist ungarischer Konsul, der Lebensstil der Diplomatenfamilie zunächst sehr gehoben. Doch der kleine Mihaly findet bei seinen Altersgenossen nur wenig Anschluss – der für Italiener fast unaussprechliche Name und seine roten Haare tragen wohl das Ihrige zu dieser Situation bei. Als der Vater seinen Job verliert, eröffnen die Eltern ein Restaurant. Mihaly selbst verlässt die Schule ohne Abschluss und versucht, zum Einkommen der Familie beizutragen. Aber eigentlich will Mihaly Csikszentmihalyi die menschliche Psyche erforschen. Sein großer Traum ist es, dadurch das menschliche Leben besser zu verstehen. In Italien kommt er dabei jedoch nicht sonderlich weiter, und so wandert er mit gerade einmal 22 Jahren nach Amerika aus.

An der University of Illinois schreibt er sich für das Fach Psychologie ein. Csikszentmihalyi besucht tagsüber seine Kurse und jobbt nachts in einem Hotel. Aber er findet in den Seminaren, an denen er teilnimmt, nicht das, was er gesucht hat. So wechselt er das Fach und studiert zwei Jahre lang Design. Doch auch damit wird Mihaly nicht glücklich. Er versucht es noch einmal mit der Psychologie und wechselt an die renommierte University of Chicago. Auch wenn er sich sogar hier wissenschaftlich zunächst nicht ganz zu Hause fühlt, so findet er doch im Laufe der Zeit zu dem, was er sucht.

Er nennt es Flow.

Schon Michelangelo war im Flow

Csikszentmihalyi untersucht die Arbeitsweise von Künstlern, zunächst von Malern. Er beobachtet, dass sie sich fast wie in Trance verhalten, wenn sie auf ihren Staffeleien neue Ideen kreieren. So wird es übrigens auch von Michelangelo überliefert.[2] Der große Bildhauer und Maler soll von seiner Arbeit am Deckengemälde der Sixtinischen Kapelle derart gefesselt gewesen sein, dass er tage- und zuweilen sogar wochenlang mit der gleichen Hose oder den gleichen Schuhen herumlief. Nur selten verließ er seinen Arbeitsort, schlief, aß und trank wenig und unregelmäßig – er vergaß es schlicht und einfach. Der Grund: Michelangelo war so in sein Tun versunken, dass er völlig darin aufging, nichts anderes mehr wahrnahm. Und so verhielt es sich auch bei den von Csikszentmihalyi beobachteten Künstlern. Viele Versuchspersonen in seinen frühen Studien beschrieben die Erfahrung des völligen Eintauchens in das eigene Tun als «im Flow sein». Daher gab der Psychologe dem Phänomen später den Namen *Flow* und definierte es folgendermaßen:

«Flow ist der Zustand des Glücksgefühls, in den Menschen geraten, wenn sie gänzlich in einer Beschäftigung ‹aufgehen›. Entgegen ersten Erwartungen erreichen wir diesen Zustand nahezu euphorischer Stimmung meistens nicht beim Nichtstun oder im Urlaub, sondern wenn wir uns intensiv der Arbeit oder einer schwierigen Aufgabe widmen.»[3]

Oder – auf eine einfache Formel gebracht:

Flow ist ein Höchstmaß an Leistung bei gleichzeitigem Maximum von Spaß, Freude und Identifikation mit der eigenen Tätigkeit.

Csikszentmihalyi hat festgestellt, dass unser Zeitempfinden der beste Beweis für Flow ist: Wenn die Zeit wie im Flug vergeht, sind Menschen im Flow und verlieren dabei jedes Bewusstsein für das Verstreichen der Zeit. Sie sind absolut konzentriert auf das, was sie gerade tun, und erleben ihr Tun als einen Zustand besonderer Ekstase.

In einem späteren Forschungsprojekt interviewt der Wissenschaftler auch Tänzer, Bergsteiger, Basketball- und Schachspieler. Csikszentmihalyi will herausfinden, was diese Aktivitäten so erfüllend macht. 1972 publiziert er die Forschungsergebnisse in seinem Buch «Beyond Boredom And Anxiety» («Jenseits von Angst und Langeweile»). Es ist kein Verkaufsschlager, und auch die Resonanz in der wissenschaftlichen Welt bleibt eher verhalten.

Ein Wecker als Schlüssel zum Gefühlsleben der Menschen

Csikszentmihalyi lässt sich davon aber nicht sonderlich irritieren, sondern widmet sich stattdessen dem nächsten Projekt: Er will die Methode seiner Flow-Forschung verbessern. Bislang können die Probanden aufgrund von Fragebögen und Interviews lediglich rückblickend Auskunft geben. Das ist ihm nicht aussagekräftig genug.

Deshalb entwickelt er ein Gerät, eine Art «Wecker», den Csikszentmihalyi «Pager» nennt. Die Studienteilnehmer werden mit diesem elektronischen Funkempfängern ausgestattet, die sechsmal am Tag zu jeweils verschiedenen Zeiten klingeln. Auf diese Weise werden die Menschen bei ganz unterschiedlichen Tätigkeiten «erwischt». Sobald die Versuchspersonen den Signalton hören, müssen sie aufschreiben, was sie gerade tun und wie sie sich dabei fühlen. Die Technik nennt Csikszentmihalyi «Experience Sampling Method» (ESM) – sie ist genau das, wonach der Forscher lange gesucht hat. Er ist so begeistert von der neuen Methode, dass er beginnt, jeden Aspekt des täglichen Lebens damit zu erforschen. Die nächsten 20 Jahre verwendet er den größten Teil seiner Zeit und Energie darauf, die neue Technik anzuwenden und zu verbessern. Auf diese Weise erhält der Psychologe Zigtausende von Daten – da er nicht nur im amerikanischen Raum forscht, sondern auch in Europa und Asien, mit weltweiter Aussagekraft.

Csikszentmihalyi ist schon fast 60, als er einer breiten Öffentlichkeit bekannt wird. Nach einem Artikel im *Newsweek Magazine* meldet sich ein Buchagent bei ihm und fragt, ob er nicht ein populärwissenschaftliches Buch über Flow schreiben wolle. Zunächst winkt der Forscher ab, willigt aber nach einigem Hin und Her schließlich ein. Als das Buch 1990 in die Läden kommt, findet es zunächst nur schleppend Absatz. Doch von Jahr zu Jahr gewinnt es mehr Leser und wird Ende der neunziger Jahre des zwanzigsten Jahrhunderts sogar zum Bestseller. Dazu tragen nicht zuletzt Prominente und Politiker wie der damalige amerikanische Präsident Bill Clinton oder der ehemalige englische Premier Tony Blair bei, die sich als Fans der Flow-Theorie outen.

Csikszentmihalyi lässt sich jedoch auch von öffentlichem Ruhm und Erfolg nicht irritieren. Seine Welt ist und bleibt die Wissenschaft. Nach wie vor betreibt er seinen Beruf mit absoluter Leidenschaft. Es sind die erhobenen Zahlen, Daten und Statistiken, die ihn begeistern. Flow ist für Csikszentmihalyi deshalb weitaus mehr als nur ein abstrakter Forschungsgegenstand, den er bei anderen Menschen untersucht. Flow ist für ihn selbst zur Erfüllung geworden. Zeitlebens ging es ihm um die Frage, was Menschen glücklich und ihr Leben lebenswert macht. Dabei war er immer derart fasziniert von seiner Arbeit, dass er selbst zum besten Beispiel für ein Leben «im Flow» wurde.

Wie ein Unternehmer seine Mitarbeiter «in Fluss» bringt

Mit seinem Flow-Konzept förderte Mihaly Csikszentmihalyi den zunächst durchaus überraschenden Umstand zutage, dass Menschen nicht etwa im Urlaub oder beim Nichtstun Erfüllung finden, sondern bei der Arbeit. Selbstverständlich aber lässt sich Flow von Führungskräften nicht einfach anordnen – à la: «Bitte haben Sie mal eine Stunde Flow.» Unternehmen müssen die richtigen Rahmenbedingungen für Flow-Erlebnisse ihrer Mitarbeiter schaffen. Sie müssen ein Klima kreieren, in dem sich Menschen gern anstrengen. Die Mitarbeiter müssen wissen, wofür sie arbeiten. Sie sollen genügend Freiräume erhalten, um sich in ihrer Firma wie zu Hause zu fühlen und sich mit ihrer Arbeit voll und ganz identifizieren zu können. So – und nur so – lassen sich große Ziele definieren und erreichen. Csikszentmihalyi hat die Voraussetzungen für Flow folgendermaßen dargestellt:

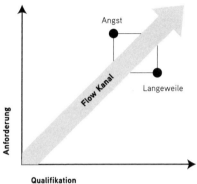

Abb. 3; Quelle: Basiert auf Mihaly Csikszentmihalyi: «Flow – Das Geheimnis des Glücks». Stuttgart: Klett-Cotta, 2002. S. 107.

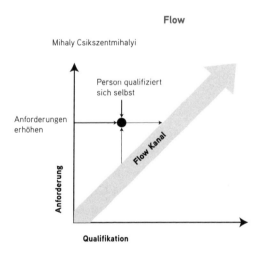

Abb. 4; Quelle: Basiert auf Mihaly Csikszentmihalyi: «Flow – Das Geheimnis des Glücks», S. 107, weiterentwickelt durch Prof. Dr. Utho Creusen.

Menschen sind immer dann mit ihrer Arbeit zufrieden und bei ihrem Tun glücklich, wenn sich die Anforderungen, die an sie gestellt werden, und ihre Fähigkeiten im Gleichgewicht befinden. Spitzenleistungen erreichen sie, sobald die Anforderungen einen Tick erhöht werden, wobei es natürlich nicht zur Überforderung kommen darf. Hat der Mitarbeiter nun die schwierige Situation erfolgreich gemeistert und kehrt dann wieder in seine ursprüngliche Balance aus Anforderung und Qualifikation – Csikszentmihalyi nennt es den «Flow-Kanal» – zurück, wird er ein Gefühl von extremer Zufriedenheit und Glück, eben Flow, erleben. Sind die Anforderungen zu hoch, entstehen beim Mitarbeiter Stress und Angst, sind sie zu niedrig – oder anders ausgedrückt: ist die Qualifikation zu hoch – kommt es zu Langeweile. Beides ist weder für den Menschen selbst noch für das Unternehmen von Vorteil. Statt zu Angst und Stress darf es höchstens zu einer geringfügigen Anspannung oder Nervosität beim Mitarbeiter kommen. Immer aber muss noch genügend Gewissheit vorhanden sein, die Aufgabe meistern zu können.

Jeder Chef sollte seinem Mitarbeiter das Gefühl geben, ein wichtiger Bestandteil des Unternehmens zu sein. Jeder soll wissen: Fehler sind erlaubt, schließlich kann man aus ihnen lernen. Und: Auf seinen Beitrag kommt es an, seine Leistung ist für das Unternehmen wichtig.

Die Krise als «idealer» Ausgangspunkt für Flow

Es muss nicht immer der Vorgesetzte sein, der ein besonders herausforderndes Ziel für seinen Mitarbeiter definiert. Im Gegenteil: Flow-Erlebnisse sind viel nachhaltiger und werden häufiger erfahren, wenn Menschen sich selbst Ziele setzen oder eine spannende Aufgabe suchen können. Und zuweilen ereilt einen die Herausforderung auch von ganz allein: Das Unternehmen gerät – unverschuldet oder nicht – in eine Krise. Die Situation ist ernst, man muss sich unbedingt etwas einfallen lassen. Gerade in solchen Augenblicken hat der Mitarbeiter das Gefühl, dass es auch auf ihn und sein Tun ankommt. Er improvisiert, überwindet seine Grenzen und bewältigt die Krise schließlich vielleicht in gemeinsamer Anstrengung mit anderen Kollegen. Erhält er anschließend noch die positive Rückmeldung seines Chefs, wird er diesen Moment als besonders positive Erfahrung in Erinnerung behalten.

Menschen erleben im Flow, dass sie über sich hinauswachsen, dass sie persönlich reifen. Und die meisten Menschen möchten sich weiterentwickeln. Nach Flow-Erlebnissen haben Mitarbeiter denn auch oftmals das Bedürfnis, sich weiterzubilden, um für die Herausforderungen der Zukunft gewappnet zu sein. Sie sind bereit, Neues dazuzulernen oder bereits vorhandene Kenntnisse und Fähigkeiten zu vertiefen. Auch im Flow-Kanal-Schaubild von Csikszentmihalyi wird dies deutlich: Haben sich Menschen erst einmal aus dem Gleichgewicht von Anforderung und Qualifikation herausbegeben, kommen sie erst dann wieder in Balance, wenn sie ihre Qualifikation erhöhen. Auf Weiterbildungswünsche seiner Mitarbeiter sollte der Unternehmer deshalb eingehen und ihnen die Möglichkeit zur Entfaltung der Persönlichkeit geben. Langfristig wird sich dies auch für ihn bezahlt machen.

Fragen und Tests, die helfen, Flow zu messen

Wir haben bereits erwähnt, dass der beste Indikator für Glücksmomente unser Zeiterleben ist: Wenn die Zeit wie im Flug vergeht, sind wir im Flow. Mit Sicherheit hat das jeder von uns schon erlebt. Man ist völlig vertieft in eine Aufgabe und verliert dabei jedes Gefühl für Zeit. Erst wenn man wieder auf die Uhr schaut, merkt man, wie rasend schnell sie vergangen ist. Es gibt aber auch spezielle Instrumente, mit denen man messen kann, wie hoch der Grad an Flow ist. Und das ist sowohl für den Einzelnen wie auch bezogen auf eine Organisation, das Unternehmen zum Beispiel, möglich.

Um den *eigenen Flow* zu testen, bietet sich die Internetseite *www.authentichappiness.org* an. Unter dem Stichwort «Approaches to Happiness» gibt es dort einen Fragebogen mit 18 Aussagen. Diese müssen auf einer Skala von 1 bis 5 bewertet werden: Inwiefern trifft die

Aussage für mein augenblickliches Leben zu: trifft sehr auf mich zu (5 = very much like me), trifft auf mich etwas zu (3= somewhat like me) oder trifft gar nicht auf mich zu (1 = not like me at all).

Der Test – er ist in Englisch verfasst – dauert etwa fünf Minuten.[4] Er ist kostenlos, man muss sich lediglich vorab mit einigen wenigen persönlichen Angaben registrieren. Nach dem Test erhält man praktisch postwendend sein Ergebnis auf dem Bildschirm und erfährt, als wie genussvoll (pleasant), aktiv (engaging) und sinnerfüllt (meaningful) man sein Leben zurzeit empfindet. Der Testteilnehmer kann dabei auch sehen, wie die Vergleichswerte in seiner Altersklasse und bei seinem Geschlecht ausfallen. So kann er die eigenen Ergebnisse besser einordnen.

Zwölf ganz besondere Fragen

Um *Flow innerhalb von Organisationen* zu messen, taugen die herkömmlichen Mitarbeiterbefragungen nicht. Man benötigt dazu ganz spezifische Fragen, wie sie zum Beispiel Gallup, eines der weltweit führenden Markt- und Meinungsforschungsinstitute, entwickelt hat.

Die Frage, ob sich jemand angemessen bezahlt fühlt, ist zum Beispiel denkbar schlecht geeignet, um Auskünfte über Flow zu erhalten. Das leuchtet ein, denn schließlich gibt es eine Menge Menschen, die zwar viel verdienen, trotzdem aber unglücklich und unzufrieden sind. In der nachfolgenden Auflistung finden sich zwölf Aussagen heraus, die besser geeignet sind, Flow zu messen, und hohe Korrelation zeigen.[5] Auf drei dieser zwölf Aussagen gehen wir etwas ausführlicher ein.

Die zwölf Aussagen (Q12^TM)

«– Ich weiß, was bei der Arbeit von mir erwartet wird.
– Ich habe die notwendigen Materialien und die Arbeitsmittel, um meine Arbeit richtig zu machen.
– Ich habe bei der Arbeit *jeden Tag* die Gelegenheit, das zu tun, was ich am besten kann.
– Ich habe in den letzten *sieben Tagen* für gute Arbeit Anerkennung oder Lob bekommen.
– Mein/e Vorgesetzte/r oder eine andere Person bei der Arbeit interessiert sich für mich als Mensch.
– Bei der Arbeit gibt es jemanden, der mich in meiner Entwicklung fördert.
– Bei der Arbeit scheinen meine Meinungen und Vorstellungen zu zählen.
– Die Ziele und die Unternehmensphilosophie meiner Firma geben mir das Gefühl, dass meine Arbeit wichtig ist.
– Meine Kollegen/Kolleginnen haben einen inneren Antrieb, Arbeit von hoher Qualität zu leisten.
– Ich habe einen *sehr guten Freund/eine sehr gute Freundin* innerhalb der Firma.
– In den letzten sechs Monaten hat jemand in der Firma mit mir über meine Fortschritte gesprochen.
– Während des letzten Jahres hatte ich bei der Arbeit die Gelegenheit, Neues zu lernen und mich weiterzuentwickeln.»[6]

Die Aussage «Ich habe bei der Arbeit jeden Tag die Gelegenheit, das zu tun, was ich am besten kann» wird den Mitarbeiter zum Nachdenken bewegen, ob dies tatsächlich jeden Tag bei ihm der Fall ist. Dabei ist gerade die Präzisierung «jeden Tag» enorm wichtig für die Fragestellung, denn früher oder später beziehungsweise irgendwann in seinem Arbeitsleben wird bestimmt jeder einmal seine Stärken zum Einsatz bringen können. Wirklich aussagekräftig für Flow jedoch ist die Frage, wie häufig dies der Fall ist. Und falls die eigenen Stärken eben nicht jeden Tag zum Einsatz kommen können, muss an den Weichen gestellt werden, um dem Mitarbeiter mehr Flow zu ermöglichen und dem Unternehmen demzufolge mehr Leistung einzubringen.

Die Bejahung der Aussage «Ich habe in den letzten sieben Tagen für gute Arbeit Anerkennung oder Lob erhalten» deutet auf eine emotionale Bindung zum Arbeitsplatz hin. Diese Form der Bindung ist für die Freude an der Arbeit und damit für Bestleistungen im Unternehmen ganz wesentlich – so wie auch die Eingrenzung auf die letzten sieben Tage für die Fragestellung. Führungskräfte können daher den logischen Umkehrschluss ziehen: Lob braucht sich immens schnell auf. Und man vergibt sich nichts als Chef, wenn man häufig lobt. Im Gegenteil: Lob und Anerkennung sind für beide Seiten – Arbeitgeber und Arbeitnehmer beziehungsweise Führungskraft und Mitarbeiter – außerordentlich gewinnbringend. Sie können zum Beispiel dazu beitragen, dass etwa unmotivierte Mitarbeiter zu einer Änderung ihres Verhaltens bereit sind und ihre Arbeitsleistung künftig produktiver wird, indem sich die emotionale Bindung zu ihrer Arbeit verstärkt. Und warum sieben Tage? Untersuchungen haben gezeigt, dass, wenn eine Handlung länger als sieben Tage zurückliegt, die dazugehörigen Emotionen nicht mehr erinnert werden können. Wenn der Vorgesetzte also für etwas lobt, das vor zwei Monaten geschah, kann sich der Mitarbeiter vielleicht noch an den Sachverhalt erinnern, mit Sicherheit aber nicht mehr die entsprechenden Gefühle aufleben lassen. Um aber sein Verhalten zu ändern, braucht jeder Mensch beim Lernen den emotionalen Bezug. Daher wirkt Lob nur dann verhaltensändernd, wenn «ereignisnah» gelobt wird.

Schließlich noch ein paar Worte zur Aussage «Ich habe einen sehr guten Freund innerhalb der Firma». Amerikaner haben mit diesem Statement selten Probleme, im europäischen Sprachraum hingegen führt dieses Kriterium immer wieder zu heftigen Diskussionen. Hier ist man skeptisch, ob die Tatsache, einen guten Freund am Arbeitsplatz zu haben, tatsächlich einen Zusammenhang mit der eigenen Motivation und Leistung hat. Inzwischen gibt es aber eine Vielzahl von Untersuchungen, die klar beweisen, dass bei freundschaftlichen Beziehungen unter Kollegen das Arbeitsklima ein besseres ist, die Fluktuation geringer und Produktivität sowie Effizienz insgesamt höher sind.

Auf Basis der hier angeführten zwölf Fragen werden jährlich weltweit Tausende von Menschen befragt. So ermittelt das Institut für viele Länder den so genannten und in seiner Form einzigartigen Engagement-Index. Für Deutschland fällt dieser sehr enttäuschend aus: Lediglich 13 Prozent der Mitarbeiter identifizieren sich mit ihrem Unternehmen, bringen ihre Kreativität in die Arbeit ein, sind überaus engagiert und gerne bereit, auch mal Überstunden zu machen. Dagegen ist die überwiegende Mehrheit von 68 Prozent nicht besonders engagiert: Diese Menschen gehen zwar zur Arbeit, machen ihren Job – mehr aber auch nicht. Diese Gruppe ist andererseits für den Erfolg eines Unternehmens noch nicht «gefährlich», im Gegensatz zum Rest. 19 Prozent der Befragten nämlich werden als extrem unengagiert eingeschätzt, das heißt, sie verbreiten Gerüchte, sorgen für Zwietracht und Streit am Arbeitsplatz und damit für negative Stimmung. Die vorangegangenen Zahlen stammen aus dem Jahr 2006, wobei die Verteilung bereits über die letzten Jahre hinweg immer annähernd identisch war. Diese beschriebene Mitarbeiterbefragung – durchgeführt am Bildschirm oder per Telefon – ist im Übrigen sehr schlank gehalten und kostet die Mitarbeiter demzufolge maximal fünf Minuten.

Grundsätzlich allerdings gilt: Befragungen allein helfen noch nicht weiter. Sie stellen lediglich eine Momentaufnahme dar. Alle Beteiligten müssen die Ergebnisse genauestens analysieren und – sind erst einmal Missstände erkannt – auch zu Veränderungen bereit sein. Nur wer weiß, wo man Dinge verändern muss und diese mit aller Kraft und Überzeugung auch tatsächlich verändern will, kann beim Mitarbeiter mehr Flow und für das Unternehmen mehr Produktivität erzeugen.

Und wie geht man nun vor, hat man die Befragung durchgeführt? Die Ergebnisse werden von der Führungskraft in Workshops auf Teamebene zurückgespielt und mit dem Team besprochen. (Allerdings nur, wenn mindestens fünf Mitarbeiter des Teams geantwortet haben. Dies ist nötig, um die Anonymität zu wahren.) Ein gemeinsamer Maßnahmenplan – individuell auf die Bedürfnisse des jeweiligen Teams

abgestimmt – wird erstellt, die Verantwortlichkeiten werden festgelegt. Ob die Maßnahmen erfolgreich waren, wird mittels einer neuerlichen Befragung mit drei Nachverfolgungsfragen überprüft:
- Haben Sie Feedback erhalten?
- Wurde ein Aktionsplan festgelegt?
- Wurden die Punkte effektiv umgesetzt?

Der Sinn der Befragung ist nicht lediglich eine Erhebung des Jetzt-Zustandes, sondern die Anregung zu positiven Veränderungen. «What gets measured, gets done!» heißt die Devise. Befragungen führen aber nur dann zu Veränderungen, wenn die Ergebnisse offen zurückgespielt werden, ein Maßnahmenplan erstellt und umgesetzt sowie schließlich eine weitere Befragung durchgeführt wird, um einen Vergleich anstellen zu können. Ergo: *Eine* Messung ist *keine* Messung. Zum anderen aber gilt: Sofern die Veränderung zu einer Verbesserung führt, werden alle motiviert sein, auf diesem Weg weiterzumachen.

Summary

Flow
- ist der Zustand des Glücksgefühls, in den Menschen geraten, wenn sie gänzlich in einer Beschäftigung «aufgehen». Entgegen ersten Erwartungen erreichen wir diesen Zustand nahezu euphorischer Stimmung meistens nicht beim Nichtstun oder im Urlaub, sondern wenn wir uns intensiv der Arbeit oder einer schwierigen Aufgabe widmen.

- erlebt der Mitarbeiter nur, wenn es die richtigen Rahmenbedingungen im Unternehmen gibt:
  1. Klare Zielvorgaben
  2. Unmittelbare Rückmeldung
  3. Gleichgewicht aus Anforderungen und Qualifikation

  Spitzenleistungen sind möglich, wenn die Anforderungen einen Tick erhöht werden, ohne dass es zur Überforderung kommt.

- bedingt eine Kultur des Lernens. Ein Mitarbeiter sollte sich selbst Ziele setzen können. Er sollte wissen: Fehler sind erlaubt, schließlich kann er aus der gemachten Erfahrung lernen und sich weiterentwickeln. Auch sollten dem Mitarbeiter Lernmöglichkeiten aufgezeigt werden. Er soll Seminare besuchen können und das Gefühl haben, sich als Mensch entfalten zu dürfen.

Anmerkungen Kapitel 3

1. Die Darstellung der wichtigsten Stationen aus dem Leben von Mihaly Csikszentmihalyi basiert auf dem Aufsatz von Schäfer, Annette: «Mr Flow und die Suche nach dem guten Leben». In: Psychologie Heute, März 2005, S. 42–48.
2. Snyder, C. R. / Lopez, Shane J.: Positive Psychology. The Scientific and Practical Explorations of Human Strengths. Thousand Oaks, California, USA: Sage Publications, Inc, 2007. S. 252 f.
3. Siehe Umschlagtext bei Csikszentmihalyi, Mihaly: Flow im Beruf. Das Geheimnis des Glücks am Arbeitsplatz. Stuttgart: Klett-Cotta, 2004.
4. Über die Website www.charakterstaerken.org ist der Test unter dem Titel «Orientation to Happiness» auch auf Deutsch verfügbar.
5. Für weitere Informationen siehe www.gallup.de.
6. Copyright © 1992–1999 The Gallup Organization, Princeton, NJ. All rights reserved. Quelle: Curt Coffman, Gabriel Gonzalez-Molina: Managen nach dem Gallup Prinzip, Frankfurt / Main, Campus Verlag, 2003. S. 83 ff.

Kapitel 4

Sinn: Sinn stiften – Engagement ernten

Beispiel: Zwei Typen, ein Team – wie auch unterschiedliche Manager gemeinsam beste Ergebnisse liefern können

Folgende Ausgangssituation:

Ein international agierendes Unternehmen stellt im Hinblick auf eine Dependance im Ausland ein wirtschaftlich unbefriedigendes Ergebnis fest. Die Geschäftsführung der Zentrale konfrontiert das Management der Landesgesellschaft damit. Gemeinsam sucht man nach möglichen Gründen für die negative Entwicklung, vor allem nach potenziellen Stellschrauben, um wieder erfolgreich zu wirtschaften. Alles wird durchleuchtet, nichts scheint auf den ersten Blick als Ursache für das schlechte Ergebnis in Frage zu kommen, die Rahmenbedingungen stimmen. Die beiden Landesgeschäftsführer sind obendrein ausgewiesene Fachleute, an mangelnder Kompetenz der agierenden Personen kann die unbefriedigende Situation also auch nicht liegen. Und so bleibt dem Vorstand in der Zentrale letztlich nur die Schlussfolgerung, dass es höchstwahrscheinlich Störungen in der Zusammenarbeit zwischen den beiden Managern gibt, die einen negativen Einfluss auf das Unternehmensergebnis haben könnten. Der Vorstand in der Zentrale verlangt deshalb von beiden Managern, ihre Zusammenarbeit auf ein tragfähiges Fundament zu stellen. Mit Hilfe eines Coachs sollen sie Missverständnisse aus der Welt schaffen. Die beruflichen Spannungen, die offenbar bereits zu einer tiefen Feindseligkeit ausgewachsen sind, sollen beseitigt werden – sie binden im Geschäftsalltag wertvolle Kräfte und Ressourcen der beiden Geschäftsführer. Und schließlich: Die Vorbehalte, die es zwischen den beiden gibt, müssen abgebaut, die Kommunikation untereinander soll gestärkt und somit letztlich ein starkes, aufeinander abgestimmtes und erfolgreiches Team aufgebaut werden. Eine Herausforderung für jeden Coach in der Personalarbeit.

Ein Coaching mit vielen Facetten

Im Zentrum unseres Coachingprozesses steht die Diskussion der gemeinsamen Werte. Dieses werteorientierte Coaching wird in drei Phasen durchgeführt: Den Anfang macht ein individuelles stärkenbasiertes Coaching, es folgt die persönliche Wertedefinition. Abgeschlossen wird das Ganze durch ein Teamcoaching, in dem die Werte beider Manager zusammengeführt werden. Welche Werte sind bei beiden Managern identisch, welche können zumindest unter einem Oberbegriff zusammengefasst werden und welche wiederum sind vollkommen unterschiedlich? Ziel ist es, gegenseitiges Vertrauen herzustellen und eine solide Basis für das künftige Arbeiten zu schaffen. Nur wenn einer den anderen in seiner Individualität akzeptiert, ihn in seinem Tun respektiert und ihn zu verstehen versucht, wird die Teamarbeit der beiden künftig effizient und erfolgreich sein. Allen Beteiligten ist klar, dass dieser Prozess auf beiden Seiten ein Umdenken erfordert und die Bereitschaft, sich aufeinander zu zu bewegen.

Dieses Wertecoaching wurde in unserem Fall von einem internen Coach durchgeführt. Ihm sind nicht nur die handelnden Personen bekannt, er kennt auch alle wesentlichen Unternehmensinterna und -dynamiken. Das ist hier von entscheidendem Vorteil, schließlich kann er durch seine Binnensicht der Dinge die vorhandenen Abhängigkeiten und Wechselwirkungen im Coaching berücksichtigen. Aufgrund bereits vorangegangener Projekte besteht zudem schon ein hohes Maß an Vertrauen zwischen dem Coach und seinen Klienten. Uns ist durchaus bewusst, dass das gleichzeitige, individuelle Coaching von zwei Teammitgliedern durch einen Coach von Experten kontrovers diskutiert wird. Unser Beispiel wird jedoch zeigen, welch großes Potenzial damit verbunden ist und wie ermutigend und inspirierend gerade dieses Vorgehen sein kann. Zwei Voraussetzungen aber sind notwendig, die wir sowohl in der Planung als auch bei der Umsetzung des Coachings berücksichtigt haben: Zum einen müssen beide Klienten, nennen wir sie in unserem Fall Herr Hase und Herr Igel, damit einverstanden sein, von ein und demselben Coach betreut zu werden. Sie müssen sich zum anderen darüber im Klaren sein, dass diese Art des Coachings ein stetiges Wechselspiel von individueller Nähe und Distanz bedeutet – damit sollte keiner der Beteiligten ein Problem haben. Der Coach wiederum muss das delikate Thema der Vertraulichkeit besonders vorsichtig handhaben. Er muss sich der Gefahr bewusst sein, eventuell zum Spielball möglicher Manipulationsversuche zu werden.

Die Profile der zwei Protagonisten

Um zu verstehen, was mit den beiden Geschäftsführern während des Coachings passiert ist, muss man zunächst die Profile der beiden näher betrachten. Die darin enthaltenen Stärken haben wir mit Hilfe des Clifton StrengthsFinders® (siehe Kapitel 2) ermittelt.

Herr Hase ist ein international erfahrener und in seinem Heimatland gut vernetzter Manager. Seine Schnelligkeit, seine Zielorientierung und seine große Erfahrung machen ihn zu einer wichtigen Führungskraft des Unternehmens. Herr Hase hat die Aktivitäten im neuen Land für den Konzern aufgebaut. Seine Kommunikation ist sehr sachlich und direkt. Demgegenüber Herr Igel: Er ist äußerst umsetzungsstark und verantwortungsbewusst. Er führt seinen Bereich und seine Mitarbeiter hervorragend. Herr Igel kommt aus einem Nachbarland des neu zu erschließenden Markts. Vor drei Jahren ist er nach einer kurzen Einarbeitungszeit in anderen internationalen Unternehmensbereichen in die Geschäftsführung berufen worden. Ihn zeichnen Loyalität, ausgeprägte Reflexion und Sensitivität aus.

Obwohl beide Landesgeschäftsführer also sehr starke und positive Eigenschaften auszeichnen, fällt das Feedback hinsichtlich ihrer Arbeit verheerend aus. Aufgrund dessen ist jeder verunsichert, zweifelt an sich selbst und ist nicht zuletzt auch persönlich enttäuscht und verletzt.

Glücklicherweise sind bereits die ersten persönlichen Gespräche mit dem Coach von großer Offenheit, Ehrlichkeit und Vertrauen geprägt. Es ist bemerkenswert, wie weit beide Manager in ihrer Einschätzung der Teamarbeit auseinander liegen. Während Herr Hase in seiner sachlichen Art keinen Zweifel daran lässt, dass man gar «nicht so weit voneinander entfernt» sei, fällt es Herrn Igel aufgrund vieler persönlicher Enttäuschungen, negativer Erfahrungen, Missverständnisse und Rückschläge in der Vergangenheit immens schwer, im Hinblick auf die Zusammenarbeit überhaupt ein neutrales Urteil abzugeben. Wie kann es zu einer derart unterschiedlichen Einschätzung des gemeinsamen Arbeitens kommen? Weshalb gibt sich ein Teammitglied offenbar zufrieden mit dem Status quo, während sich das andere unwohl und absolut nicht wertgeschätzt fühlt?

Unsere Vermutung sieht folgendermaßen aus: Im Geschäftsalltag kann das Wesentliche sehr leicht aus dem Blickfeld geraten. Jede gute Teamarbeit basiert auf Gemeinsamkeiten, den Budgetzielen einerseits und den qualitativen strategischen Zielen andererseits. Jede Zusammenarbeit, die das Attribut «exzellent» verdienen soll, braucht zudem gemeinsame Werte und Spielregeln sowie eine gemeinsame Vision für das Team als Grundlage. Ein solches Selbstverständnis sichert eine positive Grundeinstellung, stellt gegenseitiges Vertrauen her und dient dem Aufbau wichtiger Widerstandskräfte im Fall von Problemen.

Bei Herrn Hase und Herrn Igel fehlt diese gemeinsame Basis. Beide befinden sich in einer Art «luftleerem» Raum. Im Zuge des Coachings wird bald deutlich: Der eine misst dieser fehlenden Verbundenheit wenig bis keine Bedeutung bei, er spielt sie sogar herunter. Der andere leidet unbewusst. Ihm ist nicht klar, dass dieses Manko für den Kollegen gar kein so wesentlicher Aspekt ist. Die tägliche Arbeit erledigen beide ohne eine gemeinsame Bodenhaftung und ohne ein verbindendes Element, stereotyp, beinahe wie Maschinen eben. Gegenseitiger Respekt, wechselseitige Anerkennung und Wertschätzung fehlen. Insofern verfolgt jeder nur mehr seine eigenen Ziele und kümmert sich ausschließlich um seinen Bereich. Die Belange des Kollegen werden nicht gesehen oder ignoriert. Erfährt der eine einen Misserfolg, so scheint dies beim anderen sogar heimliche Schadenfreude hervorzurufen. Durch das negative Feedback des Vorstands in der Zentrale sind allerdings beide irritiert, sie ziehen sich zurück, anstatt die Diskrepanzen in ihrer Kommunikation und in ihrem Arbeiten anzugehen und die Probleme anzupacken.

An dieser Stelle setzt nun die eigentliche Arbeit des Coachings ein: Es ist zunächst notwendig, neben den individuellen Stärken die persönlichen Werte und deren Wichtigkeit für das Team herauszuarbeiten. Ziel ist es, jeden Manager zu festigen, seine Werte zu eruieren, um anschließend die Schnittmenge für das Team zu definieren und auf dieser Basis die beiden Kollegen wieder zusammenzubringen und ihnen das Erlebnis motivierender Kooperation zu vermitteln.

Das Stärkenprofil von Herrn Hase zeigt, dass er sachlich und eher unemotional ist. Die Gefühle anderer kann er nicht so gut wahrnehmen und noch schlechter darauf eingehen. Sein Markenzeichen ist eine schnelle, direkte und wenig persönliche Kommunikation. Mit seinem Kollegen, seinen Mitarbeitern und auch mit Geschäftspartnern kommuniziert er vorzugsweise per E-Mail und damit schriftlich. Herr Hase zeichnet sich durch sehr visionäre, leistungstreibende und wettbewerbsorientierte Talente aus. Er ist der zielorientierte Manager, dem Schnelligkeit und Tatkraft viel bedeuten. Das kann bei Mitarbeitern zu hoher Motivation führen.

Herr Igel wiederum zeichnet sich durch Nachdenklichkeit, analytisches Denken und Überlegung aus. Er ist leicht introvertiert und kann die Einzigartigkeit von Menschen sehr gut wahrnehmen. Zudem hat er eine starke Werteorientierung und ein ausgeprägtes Verantwortungsgefühl. Er braucht vielleicht etwas mehr Zeit, um Vertrauen aufzubauen und dieses im Umkehrschluss beim anderen «zu fühlen» – ist diese Basis jedoch einmal gelegt, dann entsteht eine sehr beständige Beziehung, geprägt von einer offenen, vertrauensvollen und partnerschaftlichen Kommunikation. Persönliche Werte haben, wie er es nennt, «Leuchtturm»-Charakter für ihn. Sie zeigen ihm einen verlässlichen

Weg durch die täglichen Herausforderungen. Er fühlt sich wohl, wenn er mit Menschen zusammenarbeiten kann, die ebenfalls über ein bestimmtes Wertesystem verfügen. Dieses muss zwar nicht deckungsgleich, aber doch ähnlich wichtig für das persönliche Handeln des Partners sein. Zu seinem Kollegen, der eine solche Haltung ihm gegenüber nie gezeigt hat, konnte deshalb ein solches Gefühl von Verbundenheit nicht entstehen.

Aufgrund der beiden Talentprofile erstellen wir individuelle Entwicklungspläne für beide Manager. Logischerweise achten wir dabei besonders auf solche Talente, die Teamfähigkeit und Teamorientierung fördern. Jeder Geschäftsführer erfährt im Rahmen seines Programms und bei der Arbeit an seinem Entwicklungspotenzial jeweils einen besonderen Motivationsschub. Kein Wunder: Sich in seinen Stärken angesprochen und wertgeschätzt zu fühlen, löst positive Emotionen und Verhaltensweisen aus. Beide Herren spüren und werden sich immer bewusster, dass sie großartige Talente einbringen und dass es deshalb lohnend ist, sich in diesen, ihren guten Bereichen, weiterzuentwickeln. Soweit der Prozess der individuellen stärkenbasierten Coachings.

Jeder Mensch hat persönliche Werte, sie konkret zu benennen ist nicht leicht

In einem zweiten Schritt erarbeiten wir mit beiden Geschäftsführern, jedoch zunächst getrennt voneinander, die persönlichen Werte. Die individuelle Definition hat den entscheidenden Vorteil, dass der Betroffene seine Werte vorbehaltlos und ohne Restriktionen und damit authentisch herleiten kann. Typisch – und doch sehr schön – fallen die ersten spontanen Reaktionen unserer zwei Protagonisten aus: Herr Hase stimmt zwar gleich zu, zusammen mit uns an seinen Werten zu arbeiten und diese Aufgabe «sicher schnell zu erledigen». Allerdings erscheint ihm dieses Vorgehen insgeheim doch immer noch nebensächlich, ja vielleicht sogar ein wenig lächerlich. Sein anfängliches Zögern weicht aber sehr schnell großer Neugier und in deren Folge zunehmender Kooperation. Ihm wird bewusst, dass die Definition seiner persönlichen Werte helfen kann, ein besseres Gespür für sich selbst, Verständnis für den Kollegen und schließlich eine harmonische Teamarbeit zu entwickeln. Herr Igel wiederum möchte zunächst die Hintergründe für diese Übung erfahren. Er will sicherstellen, dass er durch die Preisgabe seiner Werte nicht «verletzt» werden kann. Unter dieser Maßgabe findet er die beabsichtigte Stärkung der Zusammenarbeit durch eine gleiche Basis an Grundwerten einleuchtend und sogar durchaus sinnvoll. Er lässt sich mit sichtlicher Vorfreude darauf ein und ist überzeugt, dass er seine persönlichen Werte gut und schnell definieren kann.

In uns selber liegen die Sterne des Glücks.

Heinrich Heine

Um im Coachingprozess wertvolle Zeit zu sparen, werden beide Manager gebeten, ihre Werte aus einem Angebot potenzieller persönlicher Werte auszusuchen. Dabei sollen sie zunächst die für sie wichtigen Werte aus einer langen Liste herausfiltern. Die gewonnenen Werte müssen die Geschäftsführer anschließend mit Prioritäten versehen – welche Werte sind für sie mehr, welche weniger von Bedeutung? Viele der zur Auswahl stehenden Werte überschneiden sich, sie wirken synonym. Das ist jedoch nicht ohne Grund so, denn schon der Auswahlprozess soll dazu genutzt werden, die persönliche Gewichtung intensiv zu überdenken und eine möglichst große Sicherheit über den Wert an sich zu erlangen.

Herr Hase hat viele Werte, Herr Igel nur einen einzigen

Herr Hase erledigt diese Übung in seiner typischen offenen und anpackenden Art. Lediglich eine Restunsicherheit bleibt, was nach dieser Aufgabe auf ihn wartet beziehungsweise wohin ihn dieser Prozess wohl führen wird. Nichtsdestotrotz hat er am Ende eine lange Liste an Werten herausgesucht, bei denen er sich sicher ist, dass sie alle für ihn wichtig sind. In einem nächsten Schritt soll Herr Hase seine überaus lange Liste mit durchaus überlappenden Wertebegriffen reduzieren.

Dazu werden die einzelnen Werte unter Oberbegriffe gruppiert und zusammengefasst. Auf diese Weise kommt Struktur ins Wertesystem. Nach der Sitzung zeigt sich Herr Hase mit dem Ergebnis nicht nur zufrieden, sondern regelrecht begeistert. In seinem späteren Feedback hebt er hervor, seine Wertewelt erstmals richtig bewusst erforscht, hinterfragt und auf den Punkt gebracht zu haben. Er ist zuversichtlich, dass seine Kommunikation in der Zukunft von dieser Klarheit profitieren wird. Herr Igel geht mit Stolz, ja fast euphorisch an die Auswahl seiner persönlichen Werte. Je mehr er darüber nachdenkt – und die Ereignisse der Vergangenheit bestätigen ihn darin –, desto mehr gelangt er zur Überzeugung, dass ihm vor allem «ein einziger Wert» wichtig sei. Wenn er diesen Wert lebe, könne er alles realisieren, so Herr Igel. Da Herr Igel seinen exponierten Wert zu diesem Zeitpunkt definitiv nicht im Team leben kann, sehen wir hier die eigentliche Ursache für die ungenügende Teamarbeit. Diese Erkenntnis ist für Herrn Igel ebenso einschneidend wie hilfreich.

Exkurs: Wertevielfalt versus exponierter Wert, Vor- und Nachteile, Gewinn und Gefahren

Grundsätzlich gilt es als gut, durchaus viele persönliche Werte zu schätzen, über eine so genannte «parallele» Werteordnung zu verfügen. Solche Menschen erleben keine erschütternde Enttäuschung, keine fundamentale Unzufriedenheit, wenn an einem dieser Werte gerüttelt, wenn einer dieser Werte angegriffen wird. Ihre Wertewelt kommt dadurch höchstens ins Schwingen, nicht ins Schwanken. Allerdings liegt in der Wertevielfalt auch die Gefahr, dass Mitmenschen, die dies beobachten, nicht selten ein opportunistisches Verhalten unterstellen. Dagegen birgt die Fokussierung auf einen einzigen persönlichen Wert, eine so genannte «eindimensionale» Werteordnung, eine ganz große Gefahr in sich: Wenn Menschen mit einem einzigen, einem exponierten Wert ins Wanken geraten, dann ist die gesamte «Weltanschauung» dieser Menschen unterminiert. Hohe Unzufriedenheit und Frustration machen sich breit, sie fühlen sich unverstanden und ziehen sich nicht selten vollkommen zurück.

Und wie geht es nun in unserem konkreten Fall weiter? Nachdem der Coach Herrn Igel zur Erkenntnis verholfen hat, dass die Tatsache, dass er seinen persönlichen Wert in der Zusammenarbeit mit Herrn Hase nicht leben kann, die Ursache «allen Übels» ist, erschließt sich Herrn Igel eine ganze Menge: Er versteht nun, warum es zu so vielen kleinen und großen Irritationen in der Teamarbeit mit seinem Kollegen gekommen ist. Betrachtet er die Geschehnisse der Vergangenheit mit den nun gewonnenen Erkenntnissen, erscheinen sie ihm in anderem Licht. Herr Igel sieht, dass er dem Partner gegenüber seinen eigenen Wert nie so klar «vor»-gelebt hat, dass dieser ihn hätte unmissverständlich erkennen und verstehen können. Herr Igel hatte immer angenommen, dass Herr Hase seinen großen persönlichen Wert doch erahnen oder intuitiv spüren müsse – das ist eine Ebene, auf der Herr Hase jedoch gar nicht agiert. Mit dieser Einsicht erstellt Herr Igel eine neue Prioritätenliste seiner Werte. Diese Intervention, das erneute Arbeiten an den persönlichen Werten, macht Herrn Igel viel Spaß. Kein Wunder, ist er doch ein von Haus aus stark werteorientierter Mensch. Nach diesem Prozess fühlt sich Herr Igel sehr erleichtert, schließlich hat er nun die Grundprinzipien seines Handelns für sich erschlossen, er hat sie künftig abrufbar und kann sie besser kommunizieren. Ihm wird im Zuge der erneuten Wertedefinition auch klar, dass er seine Werte bislang nicht deutlich genug nach außen hin vertreten hat, wahrscheinlich aus Angst, persönlich verletzt zu werden.

Herr Hase definiert für sich unter anderem folgende Werte: Fokus, Ausdauer, Leidenschaft, Loyalität, Kreativität, Effizienz, Verantwortungsgefühl, Selbstbewusstsein, Respekt, Vertrauen und Konfrontation. Herr Igel wiederum macht für sich unter anderem Leidenschaft, Pragmatismus, Fokus, Vertrauen, Verantwortungsgefühl, Ausdauer, Integrität, Respekt, Verlässlichkeit und Selbstbewusstsein als wichtige Werte aus.

An dieser Stelle kommen wir im Coaching nun an einen entscheidenden Punkt: Mit der ersten gemeinsamen Sitzung starten wir das Teamcoaching, die dritte Phase unseres Prozesses. Wir wollen nun die persönlichen Werte der beiden Manager zusammenführen und daran anschließend eine gemeinsame Basis für die künftige Teamarbeit aufbauen. Wir wissen: Das erste Meeting will besonders einfühlsam und vorsichtig moderiert werden – beide Geschäftsführer haben trotz des jeweils großen Vertrauens zum Coach immer noch große Scheu vor der ersten gemeinsamen Session. Ihnen ist nicht klar, ob am Ende dieser Sitzung mehr Gemeinsamkeiten oder mehr Konflikte stehen werden. Die Anspannung beider ist deutlich zu spüren. Um die Atmosphäre aufzulockern, aber auch um beiden Managern voreinander nochmals ihre besonderen Talente, ihre Einzigartigkeiten zu zeigen, werden im so genannten Teamblend zunächst die beiden Stärkenprofile vorgestellt und anschließend nebeneinander gelegt. Bei beiden stellt sich ein Schlüsselerlebnis ein: Man sieht die eigenen Talente, man sieht jene des Kollegen. Beide erkennen, dass sie sich in einigen Talenten durchaus ähnlich sind. Sie sind neugierig und lernbereit, sie bringen eine hohe Leistungsorientierung mit, sind strategisch geschickt und vertreten ihre Interessen mit starkem Selbstbewusstsein. Teamorientierte Talente dagegen sind bei beiden nicht so stark ausgeprägt. Man erkennt, dass dieses Manko nicht das Manko eines Einzelnen, sondern eben beider Kollegen ist. Die beiden Manager sehen aber vor allem auch, wie viele gute und gewinnbringende Eigenschaften ihr jeweiliges Gegenüber mitbringt, und gelangen auf diese Weise nicht nur zu einem erweiterten Selbstverständnis, sondern auch zu einer positiven Grundeinstellung – zum Kollegen und zur künftigen Kooperation. In der Folge füllen sich die inneren Energiereserven der beiden, durch die Konzentration auf das Positive können nun auch kritische Punkte zum eigenen Verhalten offen und ohne Angst vor einer sich anschließenden Diskussion angesprochen werden.

Der offene Austausch und die ersten Schlussfolgerungen aufgrund der teilweise übereinstimmenden Talente sind für beide Geschäftsführer überaus spannend. Aus Zurückhaltung und Reserviertheit ist Diskussionsbereitschaft, ehrlicher Austausch, Wille zum Lernen und zur

Veränderung geworden. Manfred Kets de Vries, Professor of Leadership Development und Direktor des INSEAD Global Leadership Centre an der renommierten Graduate Business School INSEAD mit Sitz in Frankreich und Singapur, beschreibt diese Dynamik, indem er feststellt, dass gerade das Gruppencoaching ein besonders nachhaltiges Mittel ist, um Lernprozesse in Gang zu setzen, die zu individueller und organisationaler Veränderung führen.[1]

Zusammen gehen die Geschäftsführer nun an die Definition der Teamwerte, indem sie die Schnittmenge der persönlichen Werte bilden. Noch einmal verdichten sie diese Werte, dieses Mal gemeinsam, und schreiben zu jedem Wert zusätzlich auf, was ihnen dieser für die künftige Zusammenarbeit bedeutet. Beim Wert Selbstbewusstsein zum Beispiel schreiben sich die beiden Manager auf die Fahnen: «Wir wissen, wo wir gut sind. Wir wollen dem anderen Vertrauen und Sicherheit geben. Wir wollen für die eigene Meinung einstehen. Wichtig ist, dass wir kontinuierlich miteinander kommunizieren und eine Streitkultur pflegen. Erhalten wir kein Feedback, fragen wir danach.» Die Definition der gemeinsamen Werte stärkt die positive Interaktion zwischen den beiden Geschäftsführern. Die neu gefundenen Teamwerte bilden die Basis für den Neubeginn der Teamarbeit.

Im Zuge des Coachings erleben beide Manager extreme Zufriedenheit und Aufbruchstimmung. Sie sind über die Maßen motiviert und setzen die neue Kultur ihrer Teamarbeit unmittelbar in die Tat um. Auch ihr Umfeld – ihre Vorgesetzten ebenso wie ihre Mitarbeiter – spüren die atmosphärische Veränderung sofort. Auf diese Weise geht ein Ruck durch die gesamte Mannschaft.

Herr Hase:
«Der Coachingprozess hat mir – das will ich nicht verhehlen – entgegen meiner ursprünglich durchaus vorhandenen Skepsis persönlich eine Menge gebracht. Ich habe unerwartet viel über mich und meine Vorgehensweise gelernt, und ich habe verstanden, dass Teamarbeit nicht angeordnet werden kann, sondern jeden Tag wieder gelebt wer-

den muss. Mein persönlicher Beitrag ist von hoher Bedeutung dafür. Dies heißt für mich Nähe und vor allen Dingen konstante und kontinuierliche persönliche Kommunikation. Mir war nicht bewusst, wie sehr die schriftliche Kommunikation die Teamarbeit gestört hat. Ich hatte immer nur die Absicht, die Dinge sofort und schnell weiterzugeben. Dass dies das Vertrauensverhältnis zwischen meinem Kollegen und mir gestört hat, konnte ich mir nicht vorstellen. Ich kann eigentlich nicht zu viel kommunizieren. Damit meine Kommunikation aber überhaupt gehört wird, muss ich die Stärken meines Kollegen, seine persönliche Wertewelt und sein individuelles Anliegen verstehen. Nur dann kann ich mich in ihn und seine Bedürfnisse hineinversetzen. Das Anderssein meines Gegenübers empfinde ich nun nicht mehr als Gefahr, sondern als Bereicherung. Ich bin meinerseits dankbar dafür, dass mein Kollege nun versteht, wie ich bin, und meine Sichtweise nicht direkt negativ interpretiert, sondern mir vertraut. Sicherlich musste ich auch lernen, dass eine persönliche und direkte Ansprache ihm wichtig ist und ich hier noch immer viel Nachholbedarf habe. Aber wir werden jeden Tag besser und sprechen immer mehr mit ‹einer Stimme›.»

Herr Igel:
«Ohne die gute und einfühlsame Moderation des internen Coachs wäre ich niemals bereit gewesen, diesen Prozess zu durchlaufen. Ich hatte mich in meine Welt zurückgezogen und das auch als einen gewissen Komfort empfunden. Durch das individuelle Coaching, das mir geholfen hat, mich zu öffnen, und die stetige Begleitung des Coachs wurde ich immer wieder erinnert, dass es immens wichtig ist, positiv zu denken und so sich selbst, aber auch seine Mitmenschen zu beeinflussen. Eine Grundhaltung, die jedem bekannt ist, aber eben nicht von jedem gelebt wird. Mir ist das auch schwer gefallen. Das Vertrauen in den Coach hat mir hier sehr geholfen. Die Interventionen haben mir Energie gegeben, Spaß gemacht und Motivation vermittelt. Ein echtes Aha-Erlebnis bot dann der Vergleich der Werte. Durch falsche und missverstandene Interpretation meinerseits habe ich meinem Kollegen schon keine Chance mehr gegeben. Nun sehe ich aber, dass wir uns in einigen

Werten sehr nahe sind, die intensive Diskussion hat mir geholfen zu verstehen, was mein Kollege mit diesen Werten assoziiert. Die Basis unseres ‹neuen› Vertrauens sind unsere Teamwerte. Wir haben auch festgestellt, dass man uns sehr leicht auseinander bringen konnte. Das lassen wir heute nicht mehr zu. Die erste Kommunikation gilt immer meinem Kollegen. Der Effekt ist unglaublich!»

Sinnsuche Theorie I: Menschen, die in ihrem Leben einen Sinn sehen, sind glücklicher

Unser Beispiel hat gezeigt: Werte sind wichtige Wegweiser, sie haben eine große Bedeutung für unseren Charakter. Sie sorgen für Stabilität und konstituieren die menschliche Persönlichkeit. Sinnerfahrungen sind in der Psychologie bisher wenig beachtet und kaum empirisch untersucht worden.[2] Und doch haben wir in unserem Buch ungemein viel über Sinn und Vision zu erzählen – auch die Positive Psychologie wird den Bereich Sinn in Zukunft mit Sicherheit noch mehr in ihren Fokus rücken, das ist nur konsequent und logisch.

Nachfolgend möchten wir zum besseren Verständnis einige wesentliche theoretische Fakten liefern. Wir beschäftigen uns dabei zunächst mit dem Individuum, gehen dann auf das Thema Sinn und Vision bei Unternehmen über, um schließlich die neuesten Ansätze positiver Führung vorzustellen.

Vieles im Bereich der Sinndiskussion basiert auf Schlussfolgerungen des österreichischen Psychiatrie-Professors Viktor E. Frankl. Der Begründer der Logo-Psychotherapie hat Sinnerfahrungen in das Zentrum seiner Arbeit gestellt – die Psychotherapie wurde dadurch sinnzentriert und humanistisch. Frankl ist der Überzeugung, dass der Sinn des menschlichen Daseins naturgemäß einen eminenten Einfluss auf das eigene Gleichgewicht ausübt. Werte sind für ihn konstitutiv, sie stellen geradezu «handlungsleitende Motive» dar. Der Psychotherapeut ist der Meinung, dass Sinnerfahrungen im

> *Wer keinen Sinn im Leben sieht, ist nicht nur unglücklich, sondern kaum lebensfähig.*
> Albert Einstein

Alltag für die Lebensqualität und die seelische Gesundheit von Menschen sehr bedeutsam sind.[3] Menschen, die häufiger Sinn erleben, sind eher seelisch gesund. Seelisch gesunde Menschen wiederum erleben häufiger Sinn. Ein Beispiel: Der Tod von nahen Verwandten oder guten Freunden ist für jeden ein Schock und bedeutet Verlust. Nicht minder betroffen wird man sein, wenn man plötzlich erfährt, an einer schweren, vielleicht sogar unheilbaren chronischen Krankheit zu leiden. Viele Menschen werden von solchen Schicksalsschlägen völlig aus der Bahn geworfen. Andere wiederum, Menschen, die in ihrem Leben einen Sinn sehen, werden mit solchen Situationen eher fertig, sie kommen besser mit negativen Erfahrungen zurecht, sind seelisch deutlich weniger beeinträchtigt und werden seltener depressiv.

Was aber nun ist Sinn genau, worin besteht er? Mit dem Sinn verhält es sich wie mit den Werten: Wie wir bereits in unserem Beispiel von Herrn Hase und Herrn Igel beschrieben haben, glaubt man nicht selten die eigenen, die leitenden Werte zu kennen. Wenn man sie dann aber konkret benennen soll, hat man sie nicht abrufbar.

Marty Seligman spricht mit Blick auf Sinn und Vision von «etwas Größerem», nach dem jeder Mensch sucht. Man findet es, so Seligman, indem man seine Signatur-Stärken einsetzt. Und immer wenn ein Mensch seine Stärken und Tugenden entwickeln und brauchen kann, entsteht Wohlbefinden. Vom menschlichen Wohlbefinden zu einem mit Sinn erfüllten Leben wiederum ist der Weg gar nicht so weit. Seligman stellt folgende Abhängigkeiten her: So wie Wohlbefinden in menschlichen Stärken und Tugenden verankert sein muss, so müssen die Stärken und Tugenden in etwas Größerem verankert sein. Und so wie das gute Leben etwas Größeres umfasst als das vergnügliche Leben, so ist auch das sinnvolle Leben etwas Größeres als das gute Leben. Der Sinn des Lebens besteht laut Seligman darin, «sich mit etwas Größerem zu verbünden – und je größer das ist, woran Sie sich halten, desto sinnvoller ist Ihr Leben».[4] Alles schön und gut, aber immer noch nicht haben wir erfahren, worin dieses Größere, worin der Sinn besteht. Eine erste Definition finden wir bei Reinhard Tausch, dem bekannten und mehrfach ausgezeichneten Psychologieprofessor, der Alltagserfahrungen und zahlreiche Untersuchungsergebnisse so zusammenfasst:

«Sinn kann (…) definiert werden als eine Bedeutung oder Bewertung, die wir bei einer Tätigkeit, einem Geschehen oder einem Ereignis wahrnehmen oder erleben, die wir herstellen oder dem Geschehen / der Tätigkeit geben. Meist ist die Bedeutung / Bewertung förderlich, positiv, bejahend, akzeptierend für den jeweiligen Menschen, verbunden mit einem charakteristischen, meist positiven Gefühl. Eine Sinnerfahrung besteht also aus einer Kognition (Bewertung) und einem zugehörigen Gefühl.»[5] Da aber auch diese Beschreibung für Nicht-Psychologen etwas zu fachlich ist, wollen wir im Folgenden – statt Sinn konkret zu definieren – Sinn beschreiben, um ihm auf diesem Wege auf die Spur zu kommen.

Sinn hat viele Quellen

Sinn erfahren wir im Alltag auf vielfältige Art und Weise: Indem wir zum Beispiel unsere Aufgaben erfüllen, etwas für andere tun, ein allgemeines Wohlgefühl erleben, indem wir zu Glaube, Hoffnung und Vertrauen in der Lage sind, wenn wir etwas verstehen oder Ordnung und Zusammenhang von Dingen herstellen beziehungsweise einem Ereignis oder einer Tätigkeit an sich einen Sinn geben können. Doch eins um andere.[6]

Aufgaben können noch so schwer, Ziele noch so hoch gesteckt sein: Bejahen wir sie und stufen wir sie als wichtig ein, werden wir Sinn erleben, wenn wir uns mit ihnen beschäftigen und die Herausforderungen schließlich meistern. Dabei ist es nicht relevant, ob es sich um die kleinen Ziele des Alltags oder um große Lebensaufgaben handelt. Wir empfinden es als positiv und bedeutungsvoll, wenn wir Aufgaben erledigen und Ziele erreichen, auch wenn es mühsam ist. Sinn erfahren wir in besonderer Weise, wenn wir Dinge tun, die nicht nur für uns, sondern auch für andere Menschen wertvoll sind. Mütter zum Beispiel erleben, dass sie gebraucht werden, wenn sie ihren Kindern in schwierigen Situationen beistehen, wenn sie ihnen wirklich helfen, sie aus einer brenzligen Lage befreien können. Entwicklungshelfer spüren den Sinn in ihrer Arbeit, wenn sie die Not hilfsbedürftiger Menschen lindern. Menschen erleben dann, dass sie etwas Positives bei anderen bewirken, und das wiederum strahlt positiv auf sie zurück.

> *Wir verlangen, das Leben müsse Sinn haben – aber es hat nur ganz genau so viel Sinn, als wir selber ihm zu geben imstande sind.*
>
> Hermann Hesse

Wohlgefühl als ein besonderes Erleben von Sinn stellt sich immer dann ein, wenn man merkt, dass man geachtet, geschätzt und geliebt wird. Man fühlt sich wohl im Kreise seiner Familie, es geht einem gut bei einem Spaziergang in der Natur oder wenn man seinen Hobbys nachgehen, zum Beispiel musizieren oder sich handwerklich betätigen kann. Religiöse Menschen sind dank ihres Glaubens davon überzeugt, dass das Leben einen höheren Sinn hat. Deshalb fällt es ihnen oft leichter als anderen Menschen, in ihrem Tun oder in einer Situation Sinn zu erkennen. Und sie vertrauen darauf, dass Gott ihnen beistehen wird, wenn sie mit negativen Ereignissen wie Tod oder Krankheit konfrontiert sind. Oft können sich zwar auch gläubige Menschen den tieferen Sinn solcher Schicksalsschläge nicht erklären. Ihr Vertrauen in Gott stärkt aber ihre Hoffnung. Ähnlich geht es Menschen, die in gewisser Weise spirituell oder philosophisch geprägt sind.

Aber noch zu unseren anderen Beispielen: Sinn erleben wir auch dann, wenn wir uns etwas erschließen, was uns bisher nicht zugänglich oder unverständlich war. Wir haben zum Beispiel immer dann ein erfüllendes Aha-Erlebnis, wenn nach dem Lesen einer Gebrauchsanweisung das entsprechende Gerät endlich funktioniert. Ähnlich verhält es sich mit Dingen, die zunächst scheinbar zusammenhangslos nebeneinander liegen, die wir aber nach und nach – wie zum Beispiel bei einem Puzzle – Teil für Teil in einen geordneten Zusammenhang bringen können. Dann wird die ordnende Tätigkeit, vor allem aber das Ergebnis, als sinnvoll und bereichernd erlebt. Wir können schließlich auch versuchen, den Dingen an sich, den Ereignissen oder Tätigkeiten selbst, einen Sinn zu geben, indem wir beispielsweise etwas bewusster tun oder intensiver erleben und diesem Tun dadurch einen höheren Sinn geben.

Viktor Frankl wurde in einem Fernsehinterview einmal gefragt, was er gedacht und gefühlt habe, als er 1945 von den Amerikanern aus dem Konzentrationslager Türkheim befreit wurde (seine Eltern und seine Frau waren im KZ umgekommen). Er antwortete: «Ich wollte mich dessen als würdig erweisen, dass ich als Einziger der Familie überleben durfte.»[7]

Sinn: Wie das Licht am Ende des Tunnels – besondere Merkmale von Sinnerfahrungen

Jeder muss den Sinn seines Lebens für sich suchen und finden[8], Sinnerfahrungen sind individuell. Was für einen Menschen sinnvoll und erfüllend sein mag, kann für einen anderen sinnlos und ohne positive Bedeutung sein. Empfindet es der eine zum Beispiel als extrem bereichernd und neben Alltag und Beruf als körperlichen und seelischen Ausgleich, einen schwierigen Gipfel zu besteigen, so mag ein anderer dieser physischen Kraftanstrengung keinerlei tieferen Sinn abgewinnen. Im Gegenteil: Er findet vielleicht die Vorstellung, diesen Berg erklimmen zu müssen, als beängstigend und erschreckend.

Außerdem kann ein und dasselbe Ereignis zugleich als sinnvoll und sinnlos erlebt werden. Tausch nennt hier den Fall eines todkranken Kindes, das von seinen Eltern gepflegt wird. Natürlich empfinden die Eltern das Leiden und Sterben ihres Kindes als unendliche Sinnlosigkeit. Und doch ist die Betreuung und Begleitung ihres Kindes etwas, worin sie einen Sinn erkennen.

Viktor Frankl ermutigt uns: Das Leben ist auch und gerade dann, wenn wir leiden, nicht sinnlos.[9] Oder, in anderen Worten, mit jenen des amerikanischen Autors, Professors und Beraters Alex Pattakos ausgedrückt: «Das Leben widerfährt uns.»[10]

Und gerade wenn wir aus dem Tritt oder Gleichgewicht geraten sind, sind wir uns selbst viel näher, als wenn alles glatt läuft![11]

Wenn wir uns auf die Suche nach Sinn begeben, durchbrechen wir immer wieder eingefahrene Denkweisen und werden fähig, unser Leben und unsere Umwelt neu zu betrachten.

Manager haben Scheu, ihre Werte preiszugeben

Allen, die nach Sinn in ihrem Leben oder im Hinblick auf eine konkrete Aufgabe suchen, ist gemeinsam, dass sie das Herausarbeiten persönlicher Werte als sehr bereichernd und intensiv empfinden. Und doch: Wie wir bereits erfahren haben, ist es nicht leicht, bis zu den persönlichen Werten, bis zum tieferen Verständnis des eigenen Lebens vorzudringen. Dies gilt auch für Führungskräfte: Eine offene Kommunikation der persönlichen Werte wird unter Managern nicht selten mit Vorbehalt betrachtet, vor allem vor dem Hintergrund der Frage, ob man dadurch nicht zu viel von sich preisgibt. Die Erfahrung zeigt jedoch, dass Krisen – sowohl individuelle als auch Krisen in Teamsituationen – sehr oft auf fehlende Kommunikation der eigenen Werte zurückzuführen sind. Automatisch und intuitiv verteidigen Menschen ihre – wenn auch nicht immer explizit definierten – Werte, und so kommt es manchmal zu Verärgerung, versteckter Auseinandersetzung oder offenem Konflikt. Einmal definierte und klar kommunizierte Werte und Sinnvorstellungen bieten dem Gegenüber hingegen Orientierung. Leben Manager ihre Wertewelt vor, geben sie ihren Mitarbeitern dadurch Halt und Sicherheit.

Der Mensch kann jeder Situation Sinn abgewinnen

Um Sinn bei der Arbeit erfahren zu können, muss man verstehen, was von einem erwartet wird, was (siehe Seligman) die «größere» Idee hinter der eigenen Aufgabe ist. Von Vorteil sind erreichbare, aber durchaus hochgesteckte Ziele. Im Berufsalltag erleichtern uns Loyalität zum Unternehmen oder zur Führungskraft das Erfahren von Sinn. Unser Streben nach Erfolg leistet das Seinige im Hinblick auf den Sinn, den wir in der Arbeit finden. Ist all das kaum oder gar nicht vorhanden, stellt sich das Gefühl der Sinnlosigkeit ein. Das aber macht Menschen anfällig für negatives Denken, für Depressionen, für Krankheit allgemein. Will man diesen negativen Erscheinungen entgegenwirken, gestaltet man seine Suche nach Sinn am besten aktiv. Es bringt nicht viel, einfach darauf zu vertrauen, dass sich ein Gefühl von Sinnhaftigkeit von allein einstellt. Stattdessen ist es förderlich, eine gute Portion Optimismus an den Tag zu legen und nach pragmatischen Problemlösungen zu suchen. Zuweilen kann es auch hilfreich und gewinnbringend sein, Sinn bereits in den kleinen Dingen des Lebens zu sehen. Eine stabile Wertewelt vermag das Erfahren von Sinn schließlich ebenso zu fördern wie Religiosität oder körperliche Gesundheit und das Engagement für andere. Arbeit verleiht dem Leben bereits dadurch Sinn, dass der Beruf unsere Existenz sichert und soziale Kontakte ermöglicht, man mit seinem Tun anderen helfen kann, Zugehörigkeit (zum Team oder zum Unternehmen) erlebt und zudem durch die produktive Tätigkeit oder durch eine gewisse Anerkennung in der Gesellschaft das Selbstwertgefühl gesteigert wird. Der eben erwähnte Pattakos führt seine Gedanken am Beispiel des Postboten aus:

Bei Wind und Wetter trägt er die Post aus. Er muss früh aufstehen, und sein Beruf mag von Eintönigkeit und Langeweile geprägt sein. Aber mit der Einstellung «Ich trage nicht nur Post aus (…) Ich verbinde Menschen, ich unterstütze ihr Miteinander»[12] entsteht für ihn Sinn, seine Arbeit wird sinnvoll. Bemühen wir zum Schluss noch einmal Viktor Frankl: «Wir können jeder Lage Sinn abringen. Die [bewusste] Entscheidung für diesen Sinn ist der Weg zu einem sinnvollen Leben.»[13]

Sinnsuche Theorie II: Unternehmen mit einer Vision sind erfolgreicher als andere

Betrachtet man nun nicht den einzelnen Menschen, das Individuum, isoliert, sondern eingebettet in eine größere Gemeinschaft, so liegt es ganz wesentlich an der jeweiligen Organisation, den an ihr beteiligten Menschen Sinn zu vermitteln. Eine der beeindruckendsten Visionen für eine große Gemeinschaft ist sicherlich jene des damaligen amerikanischen Präsidenten John F. Kennedy, der am 25. Mai 1961 verkündete, «… that this Nation should commit itself to achieving the goal, before this decade is out, of landing a man on the moon and returning him safely to earth». Übersetzt: «Noch in diesem Jahrzehnt schicken wir einen Amerikaner auf den Mond und holen ihn sicher zurück.» Damit hat Kennedy einer ganzen Nation ein Ziel gegeben. Noch niemandem war zu Beginn der sechziger Jahre des 20. Jahrhunderts klar, wie dieses ehrgeizige Ziel technisch denn überhaupt zu bewältigen sein sollte. Aber die Vision war klar formuliert – und sehr messbar. Und tatsächlich: 1969, noch am Ende des Jahrzehnts also, wurde das Ziel, der Traum vom ersten Menschen auf dem Mond, Wirklichkeit.

Wenn das Leben keine Vision hat, nach der man strebt, nach der man sich sehnt, die man verwirklichen möchte, dann gibt es auch kein Motiv sich anzustrengen.

Erich Fromm

Die beiden Amerikaner James C. Collins und Jerry I. Porras haben diese Form der Sinnvermittlung auf Unternehmen übertragen. Collins, Unternehmensberater und Gründer des Zentrums für Managementforschung in Bolder (Colorado, USA), und Porras, Professor für Unternehmensorganisation und Verhaltenspsychologie an der kalifornischen Stanford Universität, haben gezeigt, wie sich ein Unternehmen eine wirklich tragfähige Vision geben und dass nur ein Unternehmen mit einer authentischen Vision dauerhaft am Markt erfolgreich sein kann. Ihre theoretischen Überlegungen und ihre Erfahrungen in der Arbeit mit Unternehmen wollen wir im Folgenden erläutern.[14]

Das Yin und Yang eines Unternehmens

Die besondere Herausforderung in einer sich ständig verändernden Welt liegt laut Collins und Porras für Unternehmen darin, sich fortwährend zu erneuern und sich den immer neuen Marktbedingungen anzupassen, während der Kern des Unternehmens, sein Herz, unangetastet bleibt. Wahrhaft große, erfolgreiche Unternehmen verstehen den Unterschied zwischen dem, was niemals geändert werden sollte, und dem, was offen für Veränderung sein muss. Sie wissen, was absolut heilig ist und was nicht. Diese seltene Fähigkeit, Kontinuität und Wandel, Tradition und Fortschritt zusammenzudenken, ist stark verknüpft mit der Kompetenz, eine Vision zu entwickeln.

Die Grundüberzeugung von Collins und Porras lässt sich auf eine einfache Formel bringen: Will ein Unternehmen dauerhaft erfolgreich sein, muss es eine Vision haben. Das Unternehmen muss in der Lage sein, seine Mitarbeiter so zu motivieren, dass sie einen tieferen Sinn in ihrer Arbeit sehen. Der Begriff der Vision wird heute zwar häufig benutzt, doch zählt er zu einem der am meisten missverstandenen Begriffe. Das macht die Sache nicht einfacher. Eine genaue Begriffsklärung scheint vonnöten.

Zur Vision gehören die Grundwerte des Unternehmens sowie der Unternehmenszweck – beides zusammen bildet bei Collins und Porras das Yin der Vision. Der zweite Teil der Vision, das Yang, sind die langfristigen und durchaus hoch gesteckten Ziele, die sich das Unternehmen gibt, seine Geschäftsstrategie also. Jeder Mitarbeiter muss die Vision kennen, jedem Mitarbeiter müssen die Grundwerte, der Unternehmenszweck und die langfristigen Ziele, die Strategie des Unternehmens, bekannt sein.

Grundwerte sind dauerhafte Werte, sie repräsentieren das Unternehmen, sie machen es aus. Sie definieren den nachhaltigen Charakter der Organisation, sie beschreiben, wofür das Unternehmen steht. Grundwerte brauchen keine Rechtfertigung von außen, sie haben intrinsischen Wert und Bedeutung für alle innerhalb der Organisation. Es ist wichtig, dass ein großes Unternehmen seine Werte selbst definiert, weitgehend unabhängig von der aktuellen Marktlage, seiner Wettbewerbsposition oder Managementmoden. Unternehmen haben in der Regel nur einige wenige Grundwerte, normalerweise nicht mehr als drei bis fünf. Nur ein paar ausgewählte Werte können wirklich Grundwerte sein.

Es gibt nach Collins und Porras weder einen universell richtigen Weg, Grundwerte zu definieren, noch gibt es Grundwerte, die automatisch als solche zu gelten haben. Manche Unternehmen haben für sich die Dienstleistung am Kunden als einen Grundwert definiert, andere nicht. Manche Unternehmen haben dem Respekt vor dem Menschen oberste Wertpriorität eingeräumt, andere nicht. Manche Unternehmen erheben Qualität oder Teamwork zum Grundwert, andere wieder nicht. Es ist nicht entscheidend, welche Grundwerte ein Unternehmen hat, sondern dass es überhaupt welche hat. Sind die Grundwerte erst einmal definiert, sind sie praktisch in Stein gemeißelt. Collins und Porras drücken dies sehr drastisch aus: «A company should not change its core values in response to market changes; rather, it should change markets if necessary, to remain true to its core values.»[15] (Ein Unternehmen sollte seine Grundwerte nicht aufgrund von Marktveränderungen verändern, sondern den Markt verändern, um in seinen Grundwerten glaubwürdig zu bleiben.)

Wer definiert aber nun die Grundwerte eines Unternehmens? Die beiden Wissenschaftler schlagen für diesen Prozess eine so genannte «Mars Gruppe» vor. Ihr gehört an, wer das Unternehmen von seinen Grundfesten her am besten kennt, wer es von Grund auf versteht, wer hohe Glaubwürdigkeit innerhalb des Unternehmens hat und nachweislich über große Kompetenz verfügt. Wie macht man diese Experten ausfindig?

Man stelle sich vor, so Collins und Porras, dass das eigene Unternehmen mit all seinen unverwechselbaren Vorzügen, mit seinem ganz typischen Charakter auf einem anderen Planeten wieder aufgebaut werden soll. Im Raumschiff dorthin gibt es aber nur fünf bis sieben Plätze. Wer soll auf die Reise geschickt werden? Geht man die zuvor genannten Kriterien durch, die für diesen Job wichtig sind, dürfte es nach Überzeugung von Collins und Porras ein Leichtes sein, die gesuchten Mitarbeiter – übrigens aller Hierarchiestufen – schnell zu finden. Einmal zusammengewürfelt wird die Mars Gruppe intensiv über mögliche Grundwerte diskutieren. Vor allem drei Fragen sollten dabei im Zentrum der Überlegungen stehen:

1. Können Sie sich vorstellen, dass dieser Wert Ihnen auch noch in hundert Jahren so viel wert sein wird wie heute?
2. Würden Sie diese Grundwerte auch dann noch bewahren wollen, wenn einer oder mehrere davon zu einem Wettbewerbsnachteil werden sollten?
3. Sollten Sie morgen ein anderes Unternehmen gründen müssen, welche Werte würden Sie mitnehmen, unabhängig davon, in welcher Branche das neue Unternehmen beheimatet ist?

Sind die Grundwerte definiert, kann es an den *Unternehmenszweck* gehen. Jeder Mitarbeiter sollte den Unternehmenszweck kennen. Seine große Bedeutung liegt in der Führung und der Inspiration. Er gibt Antwort auf die Frage, warum das Unternehmen existiert. Er ist wie ein Leitstern am Horizont: Immer da und doch unerreichbar. Obwohl sich der Unternehmenszweck nicht ändert, obwohl er sich nicht verändern lässt, inspiriert und führt er zu Veränderung. Oder, anders ausgedrückt: Die Tatsache, dass sich der Unternehmenszweck nie ganz realisieren lässt, bedeutet gemäß Collins und Porras, dass eine Organisation niemals aufhören darf, offen für Fortschritt und Wandel zu sein.

Der Unternehmenszweck sollte eine Haltbarkeit von mindestens hundert Jahren haben, er sollte nicht mit speziellen Zielen oder Geschäftsstrategien verwechselt werden; diese ändern sich binnen eines Jahrhunderts mit Sicherheit mehrfach. Während man ein Ziel erreichen oder eine Strategie vollenden kann, lässt sich der Unternehmenszweck während eines ganzen Menschenlebens nicht erfüllen. Collins und Porras sprechen von der Seele des Unternehmens: «An effective purpose reflects people's idealistic motivations for doing the company's work. It doesn't just describe the organization's output or target customers; it captures the soul of the organization.»[16] (Ein schlagkräftiger [Unternehmens-]Zweck spiegelt die idealistische Motivation der in der Organisation arbeitenden Menschen wider. Er beschreibt nicht nur das Unternehmensergebnis oder die Kundenzielgruppe, er erfasst die Seele der Organisation.) McKinsey zum Beispiel definiere sich nicht über die Beratung von Unternehmen, sondern dadurch, seinen Kunden zu helfen, erfolgreicher zu sein. Hewlett-Packard existiere nicht, um elektronische Geräte herzustellen, sondern um einen technischen Beitrag zu einem besseren Leben der Menschen zu leisten.

Eine gute Methode, den Unternehmenszweck zu definieren, sind die «five whys», die fünf Fragen nach dem Warum. Es handelt sich dabei nicht um fünf unterschiedliche Warum-Fragen. Stattdessen wird, meint man den Unternehmenszweck gefunden zu haben, immer wieder bohrend nachgefragt: Warum ist das so existenziell für uns? Warum ist zum Beispiel die Lebensqualität der Menschen oder der Erfolg unserer Kunden so wichtig für unser Unternehmen? Collins und Porras sind der Überzeugung, dass man auf diese Weise recht schnell zum eigentlichen Zweck des Unternehmens vordringen wird. Unwichtiges soll so auf der Strecke bleiben, sagen sie.

Ein Beispiel: Ein Unternehmen hat für sich den Zweck definiert, stets der günstigste Anbieter zu sein.
– Warum? Um ein klares Image beim Konsumenten zu erreichen.
– Warum? Um dem Kunden zu nutzen.
– Warum? Weil der Kunde nur dann, wenn er seine Erwartungen erfüllt sieht, einen Nutzen wahrnimmt.
– Warum? Weil die Welt so komplex ist und die vielen Alternativen, Angebote und Informationen verwirrend sind.
– Warum? Weil es ein Überangebot an vergleichbaren Produkten gibt und man sich über den Preis besonders beim Kunden profilieren will.

Die beiden Amerikaner nennen aber auch noch zwei andere Möglichkeiten, den Unternehmenszweck zu definieren: In der einen Übung, dem so genannten «Random Corporate Serial Killer» Game, stellt man sich vor, man könne seine Firma zu einem wirklich guten und fairen Preis verkaufen. Der potenzielle Käufer will allen Mitarbeitern eine Beschäftigungsgarantie geben und ihnen auch in Zukunft ihre bisherigen Gehälter zahlen. Er würde sich allerdings die Freiheit nehmen, die Firma nach dem Kauf zu schließen. Die Marke würde es dann nicht mehr geben, das Unternehmen als solches würde komplett aufhören zu existieren. Würde man dieses Angebot annehmen? Warum oder warum nicht? Was würde fehlen, wenn es diese Firma auf einmal nicht mehr gäbe? Warum ist es wichtig, dass dieses Unternehmen existiert, jetzt und auch in der Zukunft? Vor allem sehr auf die Finanzen fixierte Manager haben sich bei dieser Übung vom tieferen Grund der Existenz des Unternehmens überzeugen lassen, so Collins und Porras. Ihnen wurde klar: Unternehmen, die ihre wahren Werte noch nicht definiert haben, geben oftmals die Maximierung des Vermögens der Shareholder als Standard-Unternehmenszweck an – dies ist jedoch ein ebenso schwacher wie austauschbarer Unternehmenszweck.

Als eine dritte und letzte Möglichkeit nennen Collins und Porras schließlich noch die Befragung der «Mars Gruppe». Jedes einzelne Mitglied sollte mit der Frage konfrontiert werden: «Würden Sie auch dann noch zur Arbeit gehen, wenn Sie morgen aufwachen würden und genügend Geld auf dem Konto hätten, um in Rente zu gehen?» Erst wer einen tieferen Sinn in seiner Arbeit sieht, wird eine solche Frage mit «Ja» beantworten können.

Wir haben nun den ersten Bestandteil der Vision, das Yin, erläutert. Bevor wir zum Yang, den langfristigen und hoch gesteckten Zielen, übergehen, noch drei abschließende Gedanken zu den Grundwerten und dem Unternehmenszweck:

Erstens: Führungskräfte fragen oft, wie man Leute fürs Unternehmen gewinnen kann, welche die Grundwerte und den Unternehmenszweck voll und ganz teilen und vertreten. Nach Überzeugung von Collins und Porras wird ein Unternehmen mit klaren Grundwerten und einem klaren Unternehmenszweck nur solche Menschen anziehen und für das Unternehmen begeistern, die auch persönlich über Werte verfügen, welche mit den Grundwerten und dem Unternehmenszweck vereinbar sind. Menschen mit komplett anderen Werten entsprechend zu formen, um sie mit den Grundwerten und dem Unternehmenszweck «kompatibel» zu machen, sei unmöglich.

Zweitens: Außerdem dürfen Grundwerte und Unternehmenszweck nicht mit bloßen Statements hierzu verwechselt werden. Grundwerte und Unternehmenszweck herauszufiltern und zu definieren, ist keine

Übung zur Frage «Wie sage ich's am schönsten?» Denn zum Einen gibt es Unternehmen, die zwar sehr starke Grundwerte und einen klaren Unternehmenszweck haben, sie jedoch niemals klar und deutlich zu Papier gebracht haben. Beispiel: der Wettbewerbsgeist von Nike. Nach Kenntnisstand von Collins und Porras gibt es bei Nike kein klares Statement hinsichtlich des Unternehmenszwecks der Firma. Und doch: Wer über das Betriebsgelände von Nike geht, spürt den das Unternehmen ausmachenden Wettbewerbsgeist an allen Ecken und Enden. Überall hängen überdimensionale Plakate von erfolgreichen Sportlern in Nike-Outfit. Das macht deutlich: Wir sind die, die diese erfolgreichen Athleten ausrüsten. Ihr Erfolg ist auch der unsrige. Da gibt es auf der einen Seite also Unternehmen, die ihren Zweck – obwohl klar vorhanden und allseits spürbar – nicht konkret formuliert haben, da gibt es auf der anderen Seite aber auch Unternehmen, die ein und dieselben Grundwerte und ihren Unternehmenszweck auf verschiedene Weise ausdrücken. Beispiel: Hewlett-Packard. Der legendäre «HP Way» ist in den Archiven der Firma in mehr als einem halben Dutzend Versionen vorhanden. Und doch: Alle Versionen bringen die gleichen Prinzipien zum Ausdruck, die unterschiedlichen Worte sind lediglich Ausfluss des jeweiligen Zeitgeists, der jeweiligen Umstände. Die Quintessenz aus beiden Beispielen[17]: Es ist nicht wichtig, von den Worten her das perfekte Statement zu kreieren. Stattdessen ist es die tiefe Überzeugung, hinter den Grundwerten und dem Unternehmenszweck, die eine visionäre Firma von anderen unterscheidet.

Und schließlich unser dritter und letzter Gedanke: Hat man seine Grundwerte und seinen Unternehmenszweck erst einmal klar definiert, sollte man sich frei fühlen, wirklich alles, was nicht Bestandteil davon ist, zu ändern. Wenn zum Beispiel jemand sagt, dass man etwas nicht ändern könne, weil es Bestandteil der Unternehmenskultur sei, oder, wie man es immer wieder hört, «weil wir es schon immer so gemacht haben» – alles hinfällig. Hier gilt eine ganz einfache Regel: Alles, was nicht grundlegend für das Unternehmen ist, ist offen für Veränderung. Oder, wie Collins und Porras es sagen: «If it's not core, it's up for change.»[18]

Nachfolgend kommen wir nun auf den zweiten Bestandteil der Vision, das Yang, zu sprechen. Hierbei handelt es sich um die *langfristige Strategie des Unternehmens*. Sie beschreibt, wo wir in ein paar Jahrzehnten stehen, was wir erreichen wollen. Während die Grundwerte und der Unternehmenszweck unverrückbar sind, muss sich die Geschäftsstrategie immer wieder an eine sich verändernde Welt anpassen. Jeder Mitarbeiter eines visionären Unternehmens sollte diese langfristigen Ziele kennen, jedem sollte das so genannte *BHAG* – englisch ausgesprochen «BEE-hag» – bekannt sein. BHAG steht dabei für «big, hairy, audacious goal», für riskante, hoch gesteckte Ziele also. Sie fördern die Weiterentwicklung eines Unternehmens, das BHAG «beflügelt die Mitarbeiter. Es ist konkret, anspornend und hochspezifisch. Es soll unmittelbar einleuchten und bedarf keiner oder nur geringfügiger Erklärung.»[19] Das BHAG ist zudem ein Ziel, welches nicht über Nacht oder im nächsten Jahr erreicht werden kann. Collins und Porras sprechen davon, dass es etwa zehn bis 30 Jahre Anstrengung bedarf, bis man das BHAG erreicht. Sie unterscheiden vier Arten von BHAGs und nennen folgende Beispiele dafür:

1. Ein BHAG, das sein Ziel in quantitativer oder qualitativer Weise beschreibt.
   Beispiel: In zehn Jahren wollen wir einen Umsatz von einer Milliarde schaffen.
2. Ein BHAG, das in einer David-gegen-Goliath-Manier den ärgsten Wettbewerber bekämpft.
   Beispiel: Wir wollen unsere Konkurrenten übertreffen. Wir wollen Nummer 1 werden.
3. Ein BHAG, das sein Ziel aufgrund eines Vorbilds definiert.
   Beispiel: Wir wollen die «Sorbonne», die Elite-Universität Deutschlands, werden.
4. Ein BHAG, das einen internen Veränderungsprozess beschreibt.
   Beispiel: Wir wollen von einem technik- zu einem innovationsgetriebenen Unternehmen werden.

Wie lassen sich die soeben erläuterten Erkenntnisse von Collins und Porras rund um die Vision eines Unternehmens, rund um Yin und Yang oder die Grundwerte und den Unternehmenszweck auf der einen sowie die langfristigen, hoch gesteckten, strategischen Ziele eines Unternehmens, das BHAG, auf der anderen Seite, nun zusammenfassen? Die beiden Wissenschaftler geben uns folgende Ratschläge mit auf den Weg:

Erstens: Es ist gut, die Vision so lebendig wie möglich zu beschreiben. Sie muss überzeugen, sie sollte Gefühl und Leidenschaft ausdrücken. Ideal ist es, wenn die Vision – statt in viele Worte – in ein Bild gepackt wird. Mitarbeiter haben dann automatisch immer etwas ganz Konkretes im Kopf. Jeder weiß, wovon die Rede ist, wenn von der Vision gesprochen wird. Bei niemandem gibt es Erklärungsbedarf, jedem ist die Vision ein Begriff. Erst wenn dies der Fall ist, werden möglichst viele nach ihr leben und die Vision des Unternehmens kann tatsächlich lebendig werden. Ein derart visionäres Unternehmen wird nachweislich erfolgreicher sein als ein Unternehmen ohne Vision oder ein Unternehmen, das zwar vorgibt, eine Vision zu haben, diese aber vom Papier, auf dem sie geschrieben steht, nicht in die Köpfe und Herzen seiner Mitarbeiter transportieren kann.

Zweitens: Verwechseln Sie Grundwerte und Unternehmenszweck nicht mit den BHAGs, den riskanten, hoch gesteckten, strategischen Zielen. Der Unternehmenszweck ist der Grund, warum das Unternehmen existiert. Das BHAG ist ein klar formuliertes Ziel. Der Unternehmenszweck kann niemals vollständig, ein BHAG dagegen sollte binnen 10 bis 30 Jahren erreicht werden. Der Unternehmenszweck ist wie der Leitstern am Firmament, ein BHAG der Berg, der erklommen wird. Ist der Gipfel erreicht, so kann – oder sollte vielmehr – ein anderer Berg bereits in Aussicht sein.

Denn drittens: Eine große Gefahr des BHAGs ist das «We've Arrived Syndrome», so Collins und Porras. Wenn ein hoch gestecktes Ziel erst einmal erreicht ist, so wie beispielsweise die eingangs dieses Kapitels erwähnte Mondlandung für die NASA, tut sich nicht selten ein großes Loch auf, in das die Organisation, in das die Mitarbeiter des

Unternehmens zu fallen drohen. Klar, was sollte schon Größeres kommen, als einen Menschen auf den Mond und heil wieder zur Erde zurück zu bringen? Das BHAG bringt eine Organisation demnach nur so lange voran, so lange es noch nicht Realität wurde. Es ist deshalb enorm wichtig, schon beim Erklimmen des einen Gipfels einen neuen am Horizont zu entdecken.

Sinnsuche für die Unternehmen der Zukunft: Wie Positive Leadership die Wirtschaft wieder humaner werden lässt

In unserem Buch war bereits viel von einer neuen Art der Führung, wir nennen sie Positive Leadership, die Rede. Sie wird immer dann gelebt, wenn der einzelne Mitarbeiter als Mensch zur Geltung kommt, wenn er sich als Ganzes angenommen weiß, sich als Persönlichkeit entfalten darf und sich in seinem Unternehmen zu Hause fühlt. All das passiert, wir haben es gesehen, immer dann, wenn er zum Beispiel Flow in der Arbeit erlebt oder seine Stärken zum Einsatz bringen kann. Die viel gefragte Publizistin und Unternehmensberaterin Gertrud Höhler zeichnet darüber hinaus ein sehr spannendes Modell einer neuen Wirtschaft, der Human Economy: Die Führungskräfte, die heute in die Vorstandsetagen der Unternehmen streben, die Manager von morgen also, betreiben eine Rückbesinnung auf die wahren Werte. Sie arbeiten an einer neuen Balance von Leben und Arbeiten. Dabei entsteht eine neue Führungskultur, die den Menschen ganzheitlich betrachtet, und zwar nicht nur den Mitarbeiter. Auch die Manager wollen sich künftig als Menschen ins Unternehmen einbringen können. Wie dies funktioniert und wie es so weit gekommen ist, zeigt Gertrud Höhler in ihrem Buch «Die Sinnmacher». Einige Gedanken daraus, die aus unserer Sicht überaus interessant sind, wollen wir nachfolgend kurz erläutern.[20]

Höhler beschreibt zunächst, wie die Topmanager der heutigen Zeit arbeiten und warum sie nicht selten zu Gefangenen ihrer selbst geworden sind. Den Konflikt zwischen Beruf und Privatleben zum Beispiel können viele nur durch die Entscheidung «Business first» für sich auflösen. Die Arbeit breitet sich damit über alle Bereiche des Lebens aus. Schnell definiert der Manager, was ihn beruflich weiterbringt und was nicht. «Jede Minute gehört der Firma, das gesamte persönliche Energiekonzept wird auf die Firma zugeschnitten. Sport dient fortan der beruflichen Fitness. Der Zeitaufwand muss gering sein, also erhält das Fitness-Studio den Vorrang vor Wald und Feld. Leistungsmessung fasziniert auch hier: Zum Equipment gehören Pulsfrequenzmesser und Stoppuhr; man ist Profi, auch hier. Die Zeiteinheit Sport ist Zulieferer für die Leistungssteigerung des Karrieristen.»[21] Ähnlich sieht das Zusammensein mit «Freunden» aus: Sie sollten am besten «strategische Kommunikationspartner» sein. Man redet über die Arbeit, das «Business dominiert die Dialoge. Networking bestimmt jede Stunde scheinbarer ‹Freizeit›.»[22] Und die Familie? Gertrud Höhler, die grundsätzlich zwischen den Spitzenmanagern, die bereits ganz oben angekommen sind, und den Führungskräften auf der zweiten und dritten Ebene unterscheidet, beschreibt diesen Aspekt anhand ebenso anschaulicher wie drastischer Beispiele. Während die einen noch unter Balancestörungen leiden, haben die Topmanager Work-Life-Balance-Themen bereits abgehakt. Wer oben angekommen ist, beginne seine Sätze nicht mehr mit «Eigentlich möchte ich…», um dann von seiner Rolle als Vater oder Ehemann zu sprechen, die er doch eigentlich auch noch für sich sieht. Die Topmanager von heute gäben, so Höhler, Äußerungen von sich wie «Meine Frau hat es noch nicht ganz begriffen, aber sie akzeptiert es»[23], oder sprechen davon, dass sie ihre Kinder «auf die Schiene bringen», ihnen also schon zeigen werden, was sie zu studieren hätten beziehungsweise wo es grundsätzlich langgeht.[24] Solche Topführungskräfte reden von «meinem Beruf», wenn es um die Arbeit geht, aber von «der Familie», wenn sie ihre Frau und ihre Kinder meinen.[25] Zusammenfassend stellt die Unternehmensberaterin fest: Die Karriere bestimmt jede Entscheidung, sie ist eine Droge für das Topmanagement und kostet Lebenssinn.

Dagegen kreiere die junge Generation – Gertrud Höhler spricht von den jungen Revolutionären der Human Economy – eine Leistungsethik neuer Ordnung. Die Jungen wissen, dass es ihnen gut gehen muss, damit es auch der Firma gut geht. Bei ihnen gehören Karriere und Leben zusammen, bei ihnen leben, arbeiten und genießen Männer, Frauen und Kinder gemeinsam.[26] Die Topmanager von heute wissen, so Höhler, dass die jungen Manager bereits unter uns sind, dass deren Leistungsethik «Genuss nicht nur zulässt, sondern als Erfolgsverstärker fordert»[27]. Die jungen Leistungspioniere schlagen ein Kapitel der neuen Balance auf. Sie wünschen sich Frauen, die nicht auf Verzicht programmiert sind, sondern ihre Rolle im Beruf finden dürfen und sollen. Sie freuen sich über Kinder, die von ihren Vätern nicht «auf die Schiene gesetzt» oder «gemanagt», sondern «geliebt, verstanden und begleitet werden bei ihren eigenen, nicht den väterlichen Entscheidungen»[28]. Private Elemente werden in den Arbeitsalltag integriert, die lebensfeindliche Isolation von Arbeit einerseits und Leben andererseits wird überwunden[29], ein Kapitel der neuen Balance wird aufgeschlagen. «Eine sinnhungrige Jugend ergreift die Verantwortung. Sie strebt nicht die Perfektion im Wegzensieren von Träumen an, sondern deren Übersetzung in ein erwachsenes Leben. (…) Mit den Jungen kommt eine große Vision endlich wieder. Die Vision, dass das Leben mehr als nur Nutzen, dass es vielmehr Sinn machen soll.»[30] Auch wenn es ein wenig theatralisch klingen mag: Wir wünschen uns sehr, dass diese Vision, Wirklichkeit werden kann.

Beispiel: Die Vision «Mehr als nur vier Wände» der OBI Gruppe

Wir schreiben das Jahr 1998: Die OBI Gruppe, eines der führenden Baumarktunternehmen, ist seit Jahren sehr erfolgreich und schreibt schwarze Zahlen. Die Erfolge bilden die Basis einer konsequenten Expansion in ganz Europa. Gleichwohl «oder gerade deshalb startet der Vorstand (…) einen (…) strategischen Lern- und Wachstums-Prozess, in den alle Unternehmensbereiche einbezogen»[31] werden: Eine neue Vision soll formuliert, die strategische Ausrichtung überarbeitet werden. Man will sich für die Zukunft rüsten und sich von der starken Konkurrenz in der Baumarktbranche abheben. Die Unterscheidungsmerkmale sollen noch deutlicher herausgearbeitet werden.

Die Verantwortlichen sind der Überzeugung, dass nur zufriedene und motivierte Mitarbeiter zufriedene und begeisterte Kunden schaffen, die wiederum der Schlüssel für langfristigen wirtschaftlichen Erfolg sind.[32] Um diesen positiven Effekt sowohl bei den Mitarbeitern als auch bei den Kunden hervorzurufen, bedarf es einer visionären Idee. Knapp zwei Jahre wird es dauern, bis im Jahr 2000, zu Beginn eines neuen Jahrhunderts, im Jahr ihres 30-jährigen Bestehens und dem Jahr eines Generationswechsels im Management, die neue Unternehmensvision der OBI Gruppe formuliert ist. Sie lautet…

… auf den Kunden bezogen:
Mehr als nur vier Wände
… auf den Mitarbeiter bezogen:
Mehr als nur ein Job
… und auf Gesellschafter, Franchisepartner, Lieferanten und OBI selbst bezogen:
Mehr als nur Rendite

Wie eine Vision entsteht

Eine Gruppe von rund 15 Personen, die sich aus allen Hierarchieebenen und Verantwortungsbereichen rekrutiert, analysiert zunächst die externen politischen, wirtschaftlichen und gesellschaftlichen Faktoren in den Ländern Europas, die die geschäftliche Entwicklung von OBI in den nächsten Jahren voraussichtlich besonders beeinflussen werden. Elf Trends und Themen kristallisieren sich heraus: In Europa wird es weiterhin zum Teil enorme Arbeitslosigkeit (1) in der Bevölkerung geben. Sie trägt zur Polarisierung (2) innerhalb der Gesellschaften bei, zur Polarisierung zwischen Arm und Reich, zwischen denen, die viel Geld und wenig Zeit, und denen, die viel Zeit und wenig Geld haben. Die

Globalisierung (3) wird weiter voranschreiten, sie erhöht den Druck auf die europäischen Staaten, sich im globalen Wettbewerb zu behaupten. Die Neuen Medien (4), Internet und E-Business, werden Politik, Wirtschaft und Gesellschaft umgestalten: Die Individualisierung (5) wird weiter zunehmen, «Wirklichkeit ist häufig nur noch mediale Wirklichkeit im Wohnzimmer, in das der Einzelne sich zurückzieht»[33]. Für die Geschäftswelt bedeutet dieses Cocooning (6), so der Fachbegriff für den Rückzug in die Privatsphäre, die Sicherheit und Geborgenheit bietet, ein verändertes Kunden- und Kaufverhalten (7): Der Trend muss weg vom Massenmarketing der vergangenen Jahrzehnte hin zur individualisierten Kundenansprache gehen. Nicht das Produkt, sondern der Kunde wird künftig im Fokus stehen. «Die Frage lautet nicht länger: Wie kann ich ein Produkt möglichst vielen Kunden verkaufen, sondern: Wie kann ich einem Kunden möglichst viele individuell zu ihm passende Produkte verkaufen?»[34] Die Menschen in den europäischen Staaten werden auch in Zukunft glücklicherweise immer älter werden (8), entsprechend mehr Gewicht gewinnen die Themen Service und Freizeit (9), Mode und Architektur (10), Umwelt, Natur und Gesundheit (11).

Es dauert knapp ein Jahr, bis die Projektgruppe aus diesen elf externen Faktoren in Workshops und Samstagsmeetings eine neue Vision, die oben angeführte, erarbeitet. Daraus leiten die Gruppenmitglieder in einem zweiten Schritt die strategischen Ziele für die nächsten Jahre ab. Sie formulieren die Grundwerte der OBI Gruppe neu. Sie lauten:

Ich zeige jeden Tag
- *eigenverantwortliches Verhalten, als wäre ich der Eigentümer,*
- *vollen Einsatz für jeden einzelnen Kunden,*
- *partnerschaftliches Verhalten,*
- *ökologische Verantwortung.*

Aus der Beschäftigung mit den externen Faktoren und den Grundwerten werden in einem dritten und vierten Schritt der Unternehmenszweck und die Vision entwickelt. Der Unternehmenszweck wird auf die Formel gebracht: *Mit OBI das individuelle Zuhause verwirklichen.* Dominik Wolff-Peterseim beschreibt die einzelnen Komponenten des Unternehmenszwecks sehr schön[35]: Das Wort «mit» drückt die partnerschaftliche Hilfe aus, die OBI seinen Kunden bei der Verwirklichung ihrer Wohnträume anbieten möchte. «Zuhause» ist ein emotionaler Begriff, der meistens mit dem Verb «fühlen» – sich zuhause fühlen also – verbunden ist. «Verwirklichen» meint mehr als nur Bauen. «Mit dem Bau des Traumhauses eng verbunden ist die Verwirklichung des eigenen Lebenstraumes, des eigenen Lebens, das in der Gründung einer Familie und dem Bau eines Hauses seine Erfüllung findet. Somit möchte OBI sogar Partner fürs Leben werden, eine lebenslange, partnerschaftliche Kundenbeziehung aufbauen und pflegen.» Man sieht: Viele externe Faktoren finden sich im formulierten Unternehmenszweck wieder.

Kleine Karte, große Wirkung

Nun geht alles ganz schnell: Im Rahmen einer großen Tagung werden die Vorschläge allen Führungskräften und Miteigentümern vorgestellt und in kleinen Gruppen diskutiert. Die Veränderungswünsche werden an die Projektgruppe zurückgespielt, die diese einfließen lässt und dem Vorstand des Unternehmens den abschließenden Entwurf unterbreitet. Der Vorschlag wird im Führungsgremium diskutiert, geringfügig verändert und verabschiedet. Zur Kommunikation an die Mitarbeiter wird eine Broschüre erstellt, es werden Workshops durchgeführt und alle 22 000 Mitarbeiter der OBI Gruppe erhalten Anfang 2000, im Jubiläumsjahr, eine eingeschweißte Karte mit der Vision, den Grundwerten und dem Unternehmenszweck zum Nachlesen. Die komplette OBI Strategie ist somit für alle praktisch auf einer kleinen Karte zusammengefasst. Jeder Mitarbeiter hat auf diese Weise die Eckpfeiler des Unternehmens immer mit dabei. Er kann Vision, Grundwerte und Zweck seines Unternehmens jederzeit den Kunden, Lieferanten oder sonstigen Interessierten erläutern. Als besonderes Highlight wird am

Ende des Visionsprozesses ein Song geschrieben, der die Inhalte emotional transportieren soll – zunächst nur intern, also an die Mitarbeiter, später auch extern, an die Kunden. Texter und Interpret des Liedes «Mehr als nur vier Wände», für das auch ein Musikvideo produziert wird, ist kein Geringerer als Udo Jürgens. Mit seiner neuen Vision, der überarbeiteten Strategie samt neuer Grundwerte und neuem Unternehmenszweck kann sich die OBI Gruppe erfolgreich von den Mitbewerbern abheben. Das Unternehmen schafft einen eigenen Auftritt und vermittelt jedem einzelnen Mitarbeiter Sinn bei der täglichen Arbeit – nicht zuletzt, indem das Gemeinschaftsgefühl gestärkt wird.

Beispiel: Wir wollen die Besten sein

Nach dem etwas ausführlicher geschilderten Visionsprozess bei der OBI Gruppe wollen wir jetzt ein kleineres Beispiel aus der Landesorganisation eines internationalen Handelsunternehmens anführen. Ebenfalls kurz nach dem Wechsel ins neue Jahrtausend befindet sich diese Landesgesellschaft gerade in der Gründung. Die Führungskräfte und die Landesmanager sind allesamt neu im Unternehmen. Um die Mitarbeiter schnell und effizient auf die Unternehmenskultur einzustimmen und um wichtige Ziele zu definieren, wird ein Teamworkshop durchgeführt. Die Führungskräfte definieren während dieses Treffens folgenden Teamzweck: «We want to be the best (in this country) in satisfying the needs of customers with innovative products at best prices and with a proud dream team!» (Wir wollen als stolzes Dreamteam die Besten in diesem Land sein und die Kundenwünsche mit innovativen Produkten zu günstigen Preisen befriedigen.) Die Vision dieses Teams lautet: «We are the most admired and attractive retail company in this country!» (Wir sind das am meisten bewunderte und attraktivste Einzelhandelsunternehmen dieses Landes.) Und das BHAG: «Being No. 1 in this country from (in) 2005!» (Wir wollen ab (in) 2005 Nummer 1 in diesem Land sein!), also in drei Jahren ab Gründung. Alle drei Ziele – Teamzweck, Vision und BHAG – sind ebenso klar wie herausfordernd. Weil aber jeder einzelne Mitarbeiter und alle Führungskräfte an einem Strang ziehen, weil sie absolut hinter ihrem neuen Unternehmen stehen und sich voll einbringen, können die ehrgeizigen Wegmarken tatsächlich wie geplant erreicht werden. Das Landesunternehmen lässt die Wettbewerber hinter sich zurück. Ein Grund zum Feiern – für das ganze Team.

Beispiel: Das Projekt «Voci dal Cuore» von Media-Saturn Italien

Ähnlich wie bei OBI ist auch bei der Media-Saturn Unternehmensgruppe, unserem letzten Beispiel, der Visionsprozess abgelaufen. In einer Vielzahl von Diskussionen haben verschiedene Projektgruppen die Bausteine für eine Vision entwickelt. Unter anderem wurden dabei die drei Grundwerte Unternehmertum, Freiheit und Verantwortung identifiziert. Und selbstverständlich stellte sich deshalb in der Folge für alle Mitarbeiter die Frage, wie sich diese Unternehmensgrundwerte im Alltag mit Leben erfüllen lassen würden. Die italienischen Mitarbeiter haben dabei eine sehr einfache und doch ungemein effiziente Antwort gefunden: Helfen! Wir, denen es gut geht, wollen mit unserem Tun anderen Menschen helfen. Es dauert nicht lange, bis die Idee aufkommt, ein humanitäres Projekt zu unterstützen. Dieses wird im Rahmen einer Abstimmung von allen Mitarbeitern des Landes gemeinsam ausgewählt: Es heißt «House of Smile». Dabei sollen HIV-infizierte Mütter und deren Kinder in Südafrika unterstützt und das tägliche Leben für sie einfacher gestaltet werden. Das große Ziel besteht darin, ein Haus für sie zu bauen. Dieses kostet immerhin 250 000 Euro. Das Geld wollen die italienischen Mitarbeiterinnen und Mitarbeiter vollkommen aus eigenen Kräften erwirtschaften. Woher aber soll die Viertelmillion kommen?

Ein Ideenwettbewerb wird veranstaltet. Sein Ergebnis: Man will auf

Man sieht nur mit dem Herzen gut, das Wesentliche ist für die Augen unsichtbar.

Antoine de Saint-Exupéry

die vorhandenen Talente der Mitarbeiter zurückgreifen. Schließlich stellt sich heraus, dass es unter den Kolleginnen und Kollegen viele Musiker gibt, die ein fast professionelles Niveau erreichen. Es wird beschlossen, eine CD aufzunehmen. Bei einem internen, aber landesweiten Casting werden aus der großen Schar der Bewerber – immerhin wollen sich knapp 300 in dieses Projekt einbringen – die Besten ausgewählt. Der Chor umfasst schließlich 51 Sängerinnen und Sänger, als Solisten wirken weitere 18 Mitarbeiter, und 17 Mitarbeiter komplettieren die Mannschaft als Orchester. Gemeinsam nimmt die Gruppe – sie nennt sich «Voci dal Cuore» – in einem Studio einen Song auf. Dabei werden sie von einem Filmteam begleitet, so dass auch ein sehr emotionales Video entsteht. Natürlich sind alle so stolz auf diese, ihre CD, dass sie jedem Kunden empfohlen und schließlich zu einem Verkaufsschlager wird. Schon in der ersten Woche landet die CD auf Platz 7 der italienischen Topten, und am Ende kann die Initiative die Spendenaktion mit 25 000 verkauften CDs erfolgreich abschließen. Nicht nur, dass das Projekt eine enorme Motivation und Identifikation der Mitarbeiter bewirkt hat – auch die 250 000 Euro für das «House of Smile» sind zusammengekommen, das Ziel wurde erreicht.

Wie man seine persönlichen Werte herausfindet

Wir haben gesehen: Die Grundwerte eines Unternehmens zu definieren ist ein vielschichtiger, mitunter gar nicht so einfacher Prozess. Ähnlich verhält es sich mit den individuellen Werten: Es ist nicht leicht, seine persönlichen Werte auf Anhieb zu benennen. Man muss sie zumeist erst mühsam herausfinden. Für Führungskräfte ist die Definition der individuellen Werte jedoch eine sehr wichtige Aufgabe, weil sie über diese Werte den Mitarbeitern Sinn und Orientierung vermitteln können.

Wenn man Führungskräfte fragt: «Haben Sie eine stabile Werteordnung?», so wird dies oft sofort bejaht. Bittet man sie, die Werte konkret aufzuzählen, so fällt dies den Managern nicht selten ungeheuer schwer, zumeist sind sie gar nicht dazu in der Lage – so sehr sind die Werte in unserem Unterbewusstsein verankert. Außerdem besteht die Gefahr, so mag mancher Manager sich denken, dass man sich, wenn man die persönlichen Werte preisgibt, messbar und abhängig macht. Fakt ist aber, dass man – durch Vorleben alleine – seine Werte oft kaum vermitteln kann und sich als Führungskraft daher nicht wundern darf, wenn Mitarbeiter orientierungslos sind und aus diesem Grund entweder ständig Grenzen überschreiten oder viel zu wenig aus sich herausgehen.

Wir haben die Erfahrung gemacht, dass die meisten Führungskräfte die Arbeit des «In-sich-Gehens», um nach den persönlichen Werten zu suchen, scheuen. Deshalb greifen wir gerne auf ein sehr einfaches und zeitsparendes Instrument zurück, die Werteevaluierung. Dabei handelt es sich um eine Aufstellung mit 400 Werten und ihren Erläuterungen, aus denen man nun die wichtigsten für sich auswählt. Zu finden ist diese Form der Werteevaluierung unter *www.werteanalyse.de,* wobei man sie idealer Weise zusammen mit einem Coach durchführt. Die Frage, die man sich in einem ersten Schritt bei jedem der 400 Werte stellen muss: «Entspricht diese Eigenschaft zutiefst meinem Wesen, finde ‹ich› mich in diesem Wert wirklich wieder?» Die auf diese Weise ausgewählten Werte – es ist nicht ausschlaggebend, wie viele es letztendlich sind – werden in einem zweiten Schritt geclustert in diejenigen Werte, die man jeden Tag leben kann, in jene, die man nur eingeschränkt, und schließlich in solche, die man gar nicht leben kann. So ist jeder Mensch in der Lage, sich binnen kürzester Zeit seine persönliche Wertewelt zu erarbeiten, und er erhält zudem einen guten Überblick über mögliche Wertekonflikte.

Summary

Sinn

- erfahren wir im Alltag auf vielfältige Art und Weise: Indem wir zum Beispiel unsere Aufgaben erfüllen, etwas für andere tun, ein allgemeines Wohlgefühl erleben, indem wir zu Glaube, Hoffnung und Vertrauen in der Lage sind, wenn wir etwas verstehen oder Ordnung und einen Zusammenhang von Dingen herstellen beziehungsweise einem Ereignis oder einer Tätigkeit an sich einen übergeordneten Sinn geben können. Jeder Mensch muss den Sinn seines Lebens für sich suchen und finden, Sinnerfahrungen sind individuell. Was für einen Menschen sinnvoll und erfüllend sein mag, kann für einen anderen sinnlos und ohne positive Bedeutung sein. Um Sinn erfahren zu können, muss man verstehen, was von einem erwartet wird, was (siehe Seligman) die «größere» Idee hinter etwas ist. Von Vorteil sind erreichbare, aber hoch gesteckte Ziele. Und schließlich: Der Mensch kann jeder Situation Sinn abgewinnen. Diese bewusste Entscheidung ist der Weg zu einem sinnvollen Leben.

- vermitteln zu können, heißt für ein Unternehmen, eine Vision zu haben. Erst ein Unternehmen, das in der Lage ist, seine Mitarbeiter so zu motivieren, dass sie einen tieferen Sinn in ihrer Arbeit sehen, wird dauerhaft erfolgreich sein. Eine Vision besteht aus den Grundwerten und dem Unternehmenszweck auf der einen und den langfristigen, hoch gesteckten Zielen, dem BHAG (big, hairy, audacious goal), auf der anderen Seite. Grundwerte sind dauerhafte Werte, sie beschreiben, wofür das Unternehmen steht, sie machen es in ihrer Gesamtheit aus. Der Unternehmenszweck gibt Antwort auf die Frage, warum das Unternehmen existiert. Er ist wie ein Leitstern am Horizont: Immer da und doch unerreichbar. Das BHAG dagegen sollte binnen 10 bis 30 Jahren zu erreichen sein, es ist praktisch ein Berg, der erklommen wird. Ist der Gipfel erreicht, so kann – beziehungsweise sollte vielmehr – ein anderer bereits in Aussicht sein.

– kann definiert werden als eine Bedeutung oder Bewertung, die wir bei einer Tätigkeit, einem Geschehen oder einem Ereignis wahrnehmen oder erleben, die wir herstellen oder dem Geschehen beziehungsweise der Tätigkeit geben. Meist ist die Bedeutung beziehungsweise die Bewertung förderlich, positiv, bejahend, akzeptierend für den jeweiligen Menschen, verbunden mit einem charakteristischen, meist positiven Gefühl. Eine Sinnerfahrung besteht also aus einer Kognition (Bewertung) und einem zugehörigen Gefühl.

– ist im Modell einer menschlicheren Wirtschaft die große Vision der jungen Generation. Die Manager von morgen wissen, dass es ihnen gut gehen muss, damit es auch der Firma gut geht. Sie betreiben eine Rückbesinnung auf die wahren Werte. Sie arbeiten an einer neuen Balance von Leben und Beruf und lassen eine neue Führungskultur entstehen, die den Menschen ganzheitlich berücksichtigt. Nicht nur die Mitarbeiter sollen sich als Menschen ins Unternehmen einbringen können, die Manager fordern dasselbe auch für sich ein.

Anmerkungen Kapitel 4

1. Kets de Vries, Manfred: The Leader on the Couch: A Clinical Approach to Changing People and Organizations. John Wiley & Sons, 2006. Siehe dazu auch Schwuchow, Karlheinz: «The Leader on the Coach: Manager und ihre blinden Flecken». In: Wirtschaftspsychologie aktuell, 1/2007. S. 50 ff.
2. Tausch, Reinhard: Sinn in unserem Leben. In: Auhagen (2004), S. 86.
3. Siehe ebd., S. 86.
4. Zitat und einleitende Gedanken aus: Seligman (2003), S. 37.
5. Vgl. Tausch (2004), S. 89.
6. Vgl. Tausch (2004), S. 87 ff.
7. Ebd., S. 89.
8. Siehe Pattakos, Alex: Gefangene unserer Gedanken. Viktor Frankls 7 Prinzipien, die Leben und Arbeit Sinn geben. Wien: Linde (2005). S. 26.
9. Siehe Pattakos (2005), S. 25.
10. Ebd., S. 24.
11. Hier bezieht sich Pattakos, wie er schreibt, auf den Bestseller von Thomas Moore: «Die Seele lieben». Siehe ebd., S. 36.
12. Siehe ebd., S. 21.
13. Siehe ebd., S. 25.
14. Dabei beziehen wir uns im Wesentlichen auf folgenden Aufsatz: Collins, James C. / Porras, Jerry I.: Building Your Company's Vision. In: Harvard Business Review, September-October 1996. S. 65–77.
15. Ebd., S. 67.
16. Ebd., S. 68.
17. Beide Beispiele sind zu finden in ebd., S. 72.
18. Ebd., S. 73.
19. Collins, James C. / Porras, Jerry I.: Visionary Companies – Visionen im Management. München: Artemis und Winkler, 1995. S. 139.
20. Höhler, Gertrud: Die Sinnmacher. Berlin: Ullstein Buchverlage GmbH, 2006.

21 Ebd., S. 87.
22 Ebd., S. 87.
23 Beide Äußerungen der Topmanager aus ebd., S. 98.
24 Siehe ebd., S. 101.
25 Siehe ebd., S. 103.
26 Siehe ebd., S. 110.
27 Ebd., S. 111.
28 Ebd., S. 111.
29 Siehe ebd., S. 243.
30 Ebd., S. 111.
31 Diese Schlussfolgerung wird «Mitarbeiter-Kunden-Erfolgs-Kette» genannt. Siehe Wolff-Peterseim, Dominik: Strategische Steuerung mit dem Instrument der Balanced Scorecard am Beispiel der OBI Gruppe. In: Ahlert, Dieter (Hrsg): Handbuch Franchising und Cooperation, Das Management kooperativer Unternehmensnetzwerke, Neuwied, Luchterhand, 2001. S. 259.
32 Siehe ebd., S. 259.
33 Ebd., S. 260.
34 Ebd., S. 261.
35 Siehe ebd., S. 262.

Kapitel 5

Beteiligung: Das Fundament für den Erfolg und für die drei Säulen Stärken, Flow und Sinn

In den vorangegangenen Kapiteln war viel von Höchstleistung die Rede. Wir haben von Menschen erzählt, die in ihrem beruflichen Tun einen tieferen Sinn sehen und aus diesem Grund ihre Arbeit voller Elan erledigen. Ihr Engagement, ihre Initiative und ihre Motivation tragen nach unserer Überzeugung ganz wesentlich zum wirtschaftlichen Erfolg von Unternehmen bei. Dabei bedingt das eine das andere: Menschen, die glücklich sind, wollen sich einbringen, sie leisten mehr. Auf der anderen Seite sind Menschen, die in ihrem Tun Bestätigung erfahren, glücklicher. Aus dieser Erkenntnis folgt: Wer Höchstleistung erbringen soll, der muss sich mit seiner Arbeit und mit seinem Unternehmen voll und ganz identifizieren können. Identifikation mit dem eigenen Tun wiederum bedeutet, dass man das, was man tut, als sinnvoll und gewinnbringend erlebt. Mitarbeiter müssen zu Beteiligten werden.

Zwei Beispiele aus der Automobilindustrie:
Schlankes Management bei Toyota und Ford

Da ist zum Beispiel Toyota. Der japanische Autobauer wird heute von den meisten Industriebeobachtern als «der Welt effizientester Hersteller von Autos höchster Qualität angesehen»[1]. Nicht ohne Grund: Toyota hat es perfekt verstanden, seine Arbeiter so zu motivieren, dass ihnen praktisch keine Fehler mehr unterlaufen. Dabei revolutionierten der japanische Ingenieur Eiji Toyoda[2], ein Mitglied der Gründerfamilie des Unternehmens, und sein Produktionsgenie Taiichi Ohno das damalige System der Massenproduktion.

In den fünfziger Jahren des letzten Jahrhunderts führten sie im Rahmen der so genannten schlanken Produktion, der Lean Production, eine neue Art der Qualitätssicherung ein: Jeder Arbeiter am Fließband wurde mit großer Verantwortung ausgestattet, jeder sollte fortan durch eine Reißleine das Band stoppen können, sobald ihm ein Fehler unterlaufen war. Ein absolutes Novum, denn bis zu dieser Zeit fand die Qualitätskontrolle in der Automontage ausschließlich am Ende des Fließbands statt, allenfalls ein Meister konnte das Band anhalten. Da der Ausstoß, also eine möglichst große Zahl von produzierten Autos, neben der Qualität das entscheidende Erfolgskriterium war, würde der Meister aber nur in absoluten Notfällen von dieser Möglichkeit Gebrauch machen. Denn jedes Anhalten bedeutete Ärger, und so wurde vorwiegend auf Masse produziert.

Damit machte sich eine nach Ansicht von Toyoda und Ohno ungute Art des Denkens und Arbeitens breit, die sie ändern wollten. Bis zu dieser Zeit war es «vollkommen in Ordnung, Autos mit einem schlecht montierten Teil bis zum Bandende passieren zu lassen, da dieser Fehler im Nacharbeitsbereich beseitigt werden konnte. Aber verlorene Zeit und Autos konnten nur in teuren Überstunden nach Schichtende aufgeholt werden.»[3] Den beiden Autobauern war diese Philosophie ein Dorn im Auge, und so begannen sie zu experimentieren: Sie gruppierten Arbeiter zu Teams. Jedem Team wurden einige Montageschritte und ein Stück Fließband zugeteilt. Ein Teamleiter sollte seine Mannschaft koordinieren. In einem zweiten Schritt übertrug Ohno den Teams darüber hinaus auch spezielle weitere Aufgaben: Jedes Team sollte die montierten Teile reinigen, kleinere Reparaturen am Werkzeug und die Qualitätsprüfung selbst übernehmen können. Als auch diese Innovationen funktionierten und die verschiedenen Teams reibungslos zusammenarbeiteten, plante Ohno als letzten Schritt für jedes Team zusätzlich Zeit ein, in der die Arbeiter gemeinsam über verbesserte Abläufe nachdenken und diskutieren konnten. Das Problemlösungssystem innerhalb dieser Qualitätszirkel nannte Ohno «Die Fünf Warum»[4]. Probleme sollten durch ständiges, bohrendes Nachhaken gelöst werden. Statt Fehler zu verwalten, sollten sie vermieden werden. Statt zuerst nur die Hauptursache eines Problems anzugehen und damit oberflächlich an den Symptomen herumzudoktern, wurden im Rahmen der Fehlerbeseitigung alle Ursachen parallel analysiert. So lernten die Produktionsarbeiter, jeden Fehler systematisch bis zu seinem Ursprung und bis hin zur letzten Ursache zurückzuverfolgen. Sie lernten auch, sich eine Lösung auszudenken, damit der Fehler nicht wieder auftreten konnte.[5]

Dieser kontinuierliche, schrittweise Verbesserungsprozess, die Politik der kleinen Schritte, wie sie von Toyoda und Ohno praktiziert wurde, wird im Japanischen kaizen genannt.[6] Durch kaizen wurden alle Toyota-Mitarbeiter am Prozess der Qualitätskontrolle beteiligt. Jeder Einzelne wurde auf diese Weise in die Pflicht genommen, jeder sollte seine Qualität des Arbeitens verbessern und jeder sollte so zu einer allgemeinen Qualitätssteigerung beitragen können. Toyota-Montagefabriken haben heute praktisch keine Nacharbeitszonen[7], Nachbesserungen sind nahezu nicht mehr nötig.

Ähnliches berichten die beiden amerikanischen Managementberater Thomas J. Peters und Nancy Austin über Ford[8]: Der amerikanische Autobauer hat, nach dem Beispiel von Toyota, einige Zeit später ebenfalls ein Experiment in der Produktion durchgeführt. Auch im riesigen Montagewerk von Ford wurde jedem Mitarbeiter die Möglichkeit gegeben, per Knopfdruck die ganze Anlage zu stoppen. Die Arbeiter machten anfangs sogar ziemlich häufig davon Gebrauch, und so stand das Fließband pro Tag etwa 20 bis 30 Mal still. Nur – und jetzt kommt das Positive –, jeder Stopp dauerte im Schnitt nur etwa zehn Sekunden. Das war eben jene Zeit, die der Mitarbeiter brauchte, um irgendeine kleinere Korrektur auszuführen, also um zum Beispiel eine Schraube oder eine Mutter festzuziehen. 20 bis 30 Stilllegungen à zehn Sekunden wiederum ergaben einen Zeitverlust von nicht mehr als maximal 300 Sekunden, also von rund fünf Minuten pro Tag. Laut Peters und Austin ist das eine Unterbrechung des Arbeitsablaufs, die überhaupt nicht ins Gewicht fällt. Die Produktivität der Anlage erlitt dadurch keinerlei Einbußen. Und gleichwohl, auf der anderen Seite veränderten sich andere wichtige Messwerte substanziell: Die Fertigungsmängel pro Auto sanken in den ersten Monaten des Versuchs im Schnitt von gut 17 auf nicht einmal mehr ein Prozent, und die Anzahl der Autos, die nach der Montage noch überarbeitet werden mussten, reduzierte sich um ganze 97 Prozent. Das Experiment zeigte also auch in Amerika ähnlich gute Ergebnisse. Der einzige Unterschied bestand darin, dass die amerikanischen Mitarbeiter den Anhaltknopf viel häufiger betätigten als ihre japanischen Kollegen.

Exkurs: Lean Management – richtig verstanden

Wir haben gesehen: Schlankes Management meint nicht vorrangig ein Weniger an Personal, Produktionsflächen, Investitionen in Werkzeuge oder ein Weniger an Zeit für die Entwicklung neuer Produkte[9] – allein auf dieses Weniger wurde Lean Production in den siebziger und achtziger Jahren des 20. Jahrhunderts in Deutschland oftmals fälschlicherweise reduziert. Schlanke Produktion bedeutet vor allem, «Verantwortung in der Hierarchie weit nach unten zu verlagern»[10]. Verantwortung auf diese Weise verstanden, vergrößert selbstverständlich auf der einen Seite die Angst, teure Fehler zu machen. Dabei sind es, folgt man den Überlegungen der berühmten amerikanischen Bestseller-Autoren Thomas J. Peters und Robert H. Waterman, zumeist nicht einmal die Vorgesetzten, die für diese Art von «Leistungsdruck» sorgen, sondern die

Kollegen: Der Anspruchsdruck in derart mitarbeiterorientierten Unternehmen sei wahrscheinlich eher stärker als bei weniger erfolgreichen Unternehmen mit ihren formalen Systemen, mutmaßen die beiden Amerikaner. Denn nichts wirke schließlich anspornender als das Gefühl, gebraucht zu werden, und genau das mache die Wirkung hoher Erwartungen aus. Besonders wirkungsvoll sind, so Peters und Waterman, solch hohe Erwartungen eben immer dann, wenn sie von den eigenen Kollegen ausgehen.[11] Verantwortung, im Sinne von Lean Management verstanden, meint neben dem soeben beschriebenen Streben nach guter Leistung zugleich die Freiheit, die eigene Arbeit selbst zu überwachen – und das ist ein großes, nicht zu unterschätzendes Plus.[12]

Lean Management ist somit absolut kein neues Rezept, sondern eher eine neue Denkweise. Es geht um die bessere Nutzung der Human Ressources (wir finden: ein schreckliches Wort, ebenso wie der Begriff Humankapital, gleichwohl seien beide an dieser Stelle erwähnt, um sie jedoch im Folgenden mit dem viel schöneren und zugleich sehr einfachen Wort «Mensch» zu ersetzen). Lean steht nicht einfach nur für schlank oder für abbauen, es steht für verändern, vereinfachen, verbessern. Es geht zwar um das Abspecken der Organisation, dieses ist aber nicht einfach gleichzusetzen mit dem gefürchteten Abbau von Arbeitsplätzen, jedenfalls sind Lean Production oder Lean Management nicht nur auf das Streichen von Stellen zu reduzieren. Stattdessen geht es um viel mehr: Es geht um eine veränderte Einstellung und ein verändertes Verhalten der Menschen in einem Unternehmen. Es geht darum, ihr Zusammenwirken im Hinblick auf Effizienz einerseits und Mitarbeiterfokussierung andererseits zu verändern.

Ein Beispiel: Immer wenn wir versuchen, von feststehenden Regeln abzuweichen oder Traditionen zu durchbrechen, tun wir uns schwer. Menschen gewöhnen sich im Laufe ihres Lebens an bestimmte Regeln und Rituale. Sie vermitteln uns Sicherheit. Und doch: Das Leben ist im Fluss. Unsere Umwelt ist von ständiger Veränderung geprägt. Dem müssen sich nicht nur die Menschen, dem müssen sich auch die Unternehmen stellen. Wenn die japanische Wirtschaftskultur einen gravierenden Unterschied zur westeuropäischen Kultur aufweist, dann ist dies unseres Erachtens die Fähigkeit der Japaner, sich schnell – oder jedenfalls schneller als die Europäer oder Amerikaner – anzupassen. Japaner nehmen nach unserem Dafürhalten Veränderungen schneller wahr. Sie sind sensibler, gehen in der Umsetzung sehr viel pragmatischer vor und kommen deshalb auch zu anderen, besseren Ergebnissen. Lean Management bedingt lebenslanges Lernen. Nur Unternehmen, die ihre Mitarbeiter dazu befähigen, Veränderungen rechtzeitig zu erkennen und schnell auf sie zu reagieren, werden langfristig erfolgreich sein.

Schlankes Management, nicht selten als Rechtfertigung für Managementprobleme und -fehler unserer Zeit missbraucht, hat – auch wenn die obigen Beispiele diesem Bereich entnommen sind – nicht nur mit der Automobilindustrie zu tun. Das Konzept, das dahinter steht, kann in so ziemlich jeder Branche Anwendung finden. Schließlich geht es um den Abbau von Bürokratie, um das Beseitigen unproduktiver Prozesse, um den Abbau von Hierarchie und Status und damit letztlich um den Abbau von Kosten bei gleichzeitiger Erhöhung der Produktivität menschlicher Arbeit. Es geht um den Abbau von Vorschriften. Es geht darum, Mitarbeiter zum Umsetzen eigener Ideen zu motivieren.

Beispiel: Eine unternehmerische Grundsatzerklärung der besonderen Art

Ein Unternehmen, in dem althergebrachte Vorschriften praktisch über Nacht radikal über Bord geworfen wurden, ist die amerikanische Dana Corporation.[13] Die bereits erwähnten amerikanischen Autoren Peters und Waterman beschreiben diesen umwälzenden Prozess in dem wohl weltweit erfolgreichsten Bestseller der Managementliteratur[14], ihrem Buch «Auf der Suche nach Spitzenleistungen» (In Search of Excellence): Dana hat in den siebziger Jahren des letzten Jahrhunderts einen Umsatz von rund drei Milliarden Dollar im Jahr erzielt, mit «so prosaischen Produkten wie Messingpropellern und Getrieben», zumeist «für den ebenfalls nicht aufregenden Pkw- und Lkw-Ersatzteilmarkt»[15]. Als Rene McPherson 1973 seinen Vorstandsposten übernahm, vernichtete er bei einer seiner ersten Amtshandlungen zunächst einen hohen Stapel interner Firmenanweisungen, um sie durch eine einfache Grundsatzerklärung, niedergelegt auf einem einzigen Blatt Papier, zu ersetzen. Die wichtigsten Punkte daraus:

> «Nichts holt Menschen wirksamer aus der Reserve, nichts tut mehr für Glaubwürdigkeit und allgemeine Begeisterung als die persönliche Kommunikation.
>
> Es ist unbedingt erforderlich, alle Geschäftsergebnisse mit allen Menschen in unserem Unternehmen zu besprechen.
>
> Wir haben die Verpflichtung, den produktiven Menschen in unserem Unternehmen Ausbildungs- und Entwicklungsmöglichkeiten zu bieten, wenn sie ihre Spezialkenntnisse, ihre Berufsaussichten oder ganz einfach ihre Allgemeinbildung verbessern wollen.
>
> Die Menschen in unserem Unternehmen müssen unbedingt einen sicheren Arbeitsplatz haben.
>
> Es sind Prämienprogramme zu entwickeln, die auch Ideen und Vorschläge anerkennen und nicht nur harte Arbeit.»[16]

McPherson war davon überzeugt, dass jeder mitverantwortlich dafür ist, dass die Produktivität des Unternehmens steigt. Die persönliche Produktivität der Topmanager sei dabei ein wichtiges Signal. Außerdem sei es von Bedeutung, dass die Manager einer Firma an den natürlichen Leistungswillen ihrer Mitarbeiter auf allen Ebenen glauben. Was zu tun sei, dürfe niemandem allzu genau vorgeschrieben werden. Der wirkliche Experte für eine Aufgabe sei schließlich derjenige, der sie in der Praxis ausführt. «Nehmen wir die Fertigung: innerhalb ihrer drei Quadratmeter weiß niemand mehr über den Betrieb einer Maschine, die Maximierung ihrer Leistung, die Verbesserung ihrer Qualität, die Optimierung des Materialflusses und die Sicherung effizienter Abläufe als das Bedienungs- und Wartungspersonal. (…) Wir sollten endlich einsehen, dass die wichtigsten Leute in einem Unternehmen diejenigen sind, die tatsächlich eine Dienstleistung erbringen oder Produkte herstellen oder veredeln, nicht aber die Verwalter dieser Tätigkeiten.»[17]

Mc Pherson war «ein begeisterter Verfechter der direkten Kommunikation und der Erörterung aller Ergebnisse mit allen Beteiligten»[18]. Jeder Manager sollte, getreu seiner Grundsatzerklärung, jeden Monat mit jedem Mitarbeiter seines Teams sämtliche Details der Unternehmensergebnisse besprechen. Peters und Waterman merken an, dass dies bei besonders erfolgreichen Unternehmen immer wieder auffällt: Sie seien geradezu besessen von dem Gedanken, Informationen möglichst breit zu streuen und Geheimniskrämerei zu vermeiden. «Was dabei vielleicht gelegentlich an Wettbewerbsvorsprung verloren geht, tauschen sie gerne für den Gewinn an Engagement der Mitarbeiter ein.»[19]

McPherson machte mit dieser Überzeugung Ernst, auch wenn er gleichzeitig innerhalb kurzer Zeit die Zahl der Mitarbeiter in der Zentrale von 500 auf 100 und die Zahl der Führungsebenen im Unternehmen von elf auf fünf verminderte.

Während der schweren Krise der amerikanischen Automobilindustrie Ende der siebziger Jahre, als auch Dana nicht umhin kam, Mitarbeiter zu entlassen, wurde selbst diese Maßname durch eine ständige, intensive und ehrliche Kommunikation begleitet. Und mit Sicherheit ist es den einschneidenden Innovationen in der Unternehmensphilosophie durch McPherson zu verdanken, dass das Unternehmen damals immerhin so gut dastand, dass es am Ende nicht mehr Mitarbeiter traf. Noch Anfang der siebziger Jahre zum Beispiel, in der Zeit vor McPherson, lag der Umsatz je Beschäftigtem bei Dana etwa auf Industriedurchschnitt. Bis zum Ende der siebziger Jahre war diese Kennzahl ohne größere Investitionen auf das Dreifache gestiegen, während sich der Industriedurchschnitt nicht einmal verdoppelte (und die Produktivität in Danas Marktsegment fast gar nicht zunahm). Zudem erreichte das Unternehmen in den siebziger Jahren, was die Kapitalrendite anging, Platz 2 der 500er-Liste der Zeitschrift «Fortune». Sage noch einmal jemand, dass sich authentisch gelebte Mitarbeiterorientierung nicht an den Unternehmensergebnissen messen lässt!

Warum es so wichtig ist, Mitarbeiter im Unternehmen zu beteiligen

Wer im Zusammenhang mit Unternehmen von Beteiligung spricht, denkt zunächst fast immer an eine finanzielle Beteiligung. Und selbstverständlich wird jemand, der materiell am Erfolg seiner Firma beteiligt ist, auch bereit sein, sich über ein normales Maß hinaus zu engagieren. Sein Einsatz für die Firma lohnt sich schließlich auch für ihn. Er handelt praktisch wie ein Unternehmer im Unternehmen. Sowohl bei OBI als auch bei Media-Saturn zum Beispiel werden solche finanziellen Beteiligungssysteme gelebt: OBI ist ein Franchise-Unternehmen, deshalb agieren innerhalb der Gruppe Eigentümer.[20] Franchising in dieser Form bedeutet, dass sich ein Unternehmer einer Kooperation anschließt, um gemeinsam entwickeltes Knowhow zu nutzen. Häufig hat er aber nicht genug finanzielle Mittel, um das ganze Kapital für einen Markt aufzubringen. Dann ist er mit 20 Prozent oder 30 Prozent beteiligt, aber voll engagiert. Auch den Marktleitern wird die Gelegenheit gegeben, sich wie ein Gesellschafter zu beteiligen. Media-Saturn ist ebenso dezentral aufgestellt, die Marktgeschäftsführer sind eingetragene Geschäftsführer und mit zehn Prozent an ihren Märkten beteiligt. Als ordentliche Gesellschafter ihres Markts erhalten sie zusätzlich zu ihrem Grundeinkommen Anteile am Gewinn ihrer Gesellschaft. Ihre Mitarbeiter können sie mit einem je nach Markt individuellen Prämien- und Tantiemensystem entlohnen. So macht sich – da

> *Wer das Glück genießen will, muss es teilen, denn es wurde als Zwilling geboren.*
>
> Lord Byron

wie dort, und es gibt natürlich eine Vielzahl ähnlicher Beteiligungsmodelle in der Wirtschaft – Leistung bezahlt.

Die finanzielle Beteiligung allein würde jedoch, will ein Unternehmen langfristig am Markt erfolgreich sein, zu kurz greifen. Deshalb ist die zweite Form der Beteiligung, die immaterielle, so wesentlich: Die Mitarbeiter immateriell am Handeln und am Erfolg des Unternehmens zu beteiligen, ist immer und auf jeder Ebene möglich. Immaterielle Beteiligung von Mitarbeitern hilft entscheidend, die Identifikation mit dem Arbeitsplatz, mit dem Unternehmen und mit dem eigenen Leben zu fördern. Was aber bedeutet immaterielle Beteiligung nun konkret, wie lässt sie sich erreichen?

Immaterielle Beteiligung im Unternehmen heißt, Mitarbeiter – wann immer möglich – in Entscheidungen einzubeziehen. Wir alle kennen den Satz: Betroffene zu Beteiligten machen. Er trifft bei der immateriellen Beteiligung absolut zu. Sobald dieser Satz kein Lippenbekenntnis mehr ist, sondern Realität, wird Beteiligung im Unternehmen gelebt. Über wichtige Entscheidungen des Unternehmens wird dann abgestimmt, über das Für und Wider diskutiert. Erst auf diese Weise kann echte Partnerschaft zwischen Unternehmensführung und Mitarbeitern entstehen, erst dann wird sich der Mitarbeiter als wichtiger Teil des Ganzen fühlen. Er darf mitgestalten, er kann seine Kreativität einbringen, er wird Initiative und Mut zeigen, selbstständig handeln, für seine Sache kämpfen. Beteiligung meint, mit den Mitarbeitern zu diskutieren und sie zu überzeugen, statt einfach nur von oben anzuordnen.

Menschen sind die wichtigste Quelle für Produktivitätssteigerung

Peters und Waterman haben untersucht, was die besonders erfolgreichen amerikanischen Unternehmen vor der Masse anderer Unternehmen auszeichnet. Dabei sind sie auf acht Merkmale gestoßen, die wesentlich für den Erfolg von Unternehmen sind[21]:

1. Primat des Handelns – «Probieren geht über studieren»
2. Nähe zum Kunden – «Der Kunde ist König»
3. Freiraum für Unternehmertum – «Wir wollen lauter Unternehmer»
4. Produktivität des Einzelnen – «Auf den Mitarbeiter kommt es an»
5. Sichtbar gelebtes Wertesystem – «Wir meinen, was wir sagen – und tun es auch»
6. Bindung an das Kerngeschäft – «Schuster, bleib bei deinen Leisten»
7. Einfacher, flexibler Aufbau – «Kampf der Bürokratie»
8. Straff-lockere Führung – «So viel Führung wie nötig, so wenig Kontrolle wie möglich»

Alle acht Punkte beziehen sich, so die deutschen Vertreter der Beteiligungstheorie Hans Michael Lezius und Heinrich Beyer in ihrem Buch «Menschen machen Wirtschaft», auf das Verhalten von Menschen und deren Einstellung zur Arbeit in einem Unternehmen. Peters und Waterman selbst fassen das Erfolgsgeheimnis von Unternehmen wie folgt zusammen: «Behandele Menschen wie Erwachsene. Behandele sie wie Partner; behandele sie mit Würde und Achtung. Behandele sie – nicht Investitionen oder Automation – als die wichtigste Quelle für Produktivitätssteigerung.»[22] Es sind nach Lezius und Beyer deshalb in erster Linie die so genannten weichen Faktoren, die den Erfolg eines Unternehmens bestimmen. Die harten Faktoren wie verwendete Technologie, Kapitalausstattung, Marktposition, Aufbau- und Ablauforganisation oder Managementstrategie sind hingegen ihrer Meinung nach sekundär.

Eine neue Form bewusster Unternehmensgestaltung berücksichtigt und fördert den Mitarbeiter mit all seinen Bedürfnissen. Kennzeichnend für diese neuen Unternehmen, so Lezius und Beyer, sind betriebliche Partnerschaft und das Entstehen von Unternehmenskulturen, die eine verbindliche Wertebasis für die Unternehmenstätigkeit hervorbringen sollen. Betriebliche Partnerschaft definieren sie[23] als eine «vertraglich vereinbarte Form der Zusammenarbeit zwischen Unternehmensleitung und Mitarbeitern. Sie soll allen Beteiligten ein Höchstmaß an Selbstentfaltung ermöglichen und durch verschiedene Formen der Mitwirkung und Mitbestimmung bei entsprechender Mitverantwortung einer Fremdbestimmung entgegenwirken.»[24] Die konkreten Elemente einer partnerschaftlichen Unternehmensentwicklung stellen Lezius und Beyer in einem Zehn-Punkte-Katalog zusammen. Diese zehn Punkte haben allesamt mit den Menschen im Unternehmen, ihrer Einstellung und ihrem Verhalten zu tun.

«1. *Unternehmenskultur*
Die Summe der gemeinsam von Unternehmensleitung, Führungskräften und Mitarbeitern getragenen Regeln, Normen und Wertvorstellungen.

2. *Kommunikation und Information*
Wesentliche Bausteine zur Entwicklung einer immateriellen Mitarbeiterbeteiligung. Informieren bedeutet Hintergründe, die zu Entscheidungen führen, transparent zu machen sowie Zusammenhänge aufzuzeigen, um den Mitarbeitern die Möglichkeit zu geben, an diesen Entscheidungsprozessen teilzuhaben. Eine derart gelebte Informations- und Kommunikationspolitik bedeutet Abgeben von Macht durch das Management und Teilhabe an der Macht seitens der Mitarbeiter.

3. *Personal- und Organisationsentwicklung*
Mitarbeiter müssen qualifiziert werden, um ihre aktuellen und künftigen Aufgaben optimal erfüllen zu können. Auch die Unternehmen selbst müssen in Bewegung bleiben und sich der Entwicklung der Menschen anpassen.

4. *Arbeitsgestaltung, Raumkonzept, Architektur*
Ein nach den Bedürfnissen der Menschen bewusst gestaltetes Arbeitsumfeld.

5. *Arbeitsorganisation*
Allzu starre hierarchische Unternehmensstrukturen führen nicht selten zu Bürokratie. Abhilfe schaffen andere, sinnvollere Organisationsformen wie zum Beispiel Projektteams.

6. *Arbeitszeit und Arbeitsflexibilisierung*
Es müssen Arbeitsformen gefunden werden, die von den Betroffenen mitgestaltet und deshalb als fair akzeptiert werden.

7. *Mitbestimmung*
Eigenverantwortung und Mitspracherechte sind Grundlage für die Zufriedenheit und das Engagement der Mitarbeiter.

8. *Teilhabe an unternehmerischen Entscheidungen*
Im Sinne einer kooperativen Unternehmenskultur sollen Entscheidungen von jenen getroffen werden, die die entsprechende Sach- und Fachkompetenz haben.

9. *Materielle Mitarbeiterbeteiligung*
Sie ist der glaubwürdige Schlussstein der immateriellen Beteiligung. Die positiven Auswirkungen der finanziellen Beteiligung kommen jedoch nur zur Geltung, wenn auch die partnerschaftliche Zusammenarbeit stimmt.

10. *Gesellschaft und Umwelt*
Da Unternehmen in Gesellschaften eingebettet sind, müssen sie auch ihrer Verantwortung gegenüber Umwelt und Gesellschaft gerecht werden. Anders ist Unternehmenskultur nicht denkbar.»[25]

Bei allen positiven Effekten gibt es allerdings auch einen negativen. Doch bevor wir darauf zu sprechen kommen, möchten wir noch auf einen spannenden Aspekt der immateriellen Beteiligung eingehen, den so genannten Hawthorne-Effekt[26]. Dieser wurde bereits Anfang des 20. Jahrhunderts in Amerika entdeckt und besagt, dass schon allein mehr Aufmerksamkeit von Seiten des Vorgesetzten zu einer Leistungssteigerung bei seinen Mitarbeitern führt. Im Chigaco der zwanziger Jahre wurde in der Hawthorne-Fabrik der Western Electric Company – daher der Name – eine Reihe von Studien durchgeführt. Man wollte feststellen, wie die Arbeitsleistung von Mitarbeitern erhöht werden kann. In einem ersten Experiment erhielt eine Gruppe von Mitarbeitern besseres Licht zum Arbeiten, während die Kontrollgruppe bei unveränderten Lichtverhältnissen weiter arbeitete. Man kann sich vorstellen, dass allgemein Verwunderung herrschte, als die Forscher bei beiden Arbeitsgruppen eine Erhöhung der Produktivität konstatierten. Die Wissenschaftler erklärten sich das ungewöhnliche Ergebnis zunächst wie folgt: Die Fabrikarbeiter wussten, dass sie Teil eines Versuchs waren, dass sie beobachtet wurden und man ihnen mehr Aufmerksamkeit schenkte. Diese vermehrte Beachtung und Anerkennung, so gaben auch die Mitarbeiter an, seien es gewesen, die zur Leistungssteigerung geführt hätten. Die Forscher sahen diesen psychologischen Effekt zunächst noch als Störfaktor an und entwickelten neue Versuchsanordnungen, um ihn ausschließen zu können. In einem zweiten Versuch wurde deshalb eine bestimmte Anzahl von Mitarbeitern mit insgesamt besseren Arbeitsbedingungen ausgestattet: Sie bekamen mehr Geld als ihre Kollegen, günstigere Arbeitszeiten, und ihre Chefs pflegten ihnen gegenüber einen verständnisorientierten Führungsstil. Auch in diesem Fall stieg die Produktivität, um rund 30 Prozent sogar. Aber auch hier führte man heftige Diskussionen: War es nicht vielleicht allein das Mehr an Gehalt, das die Arbeiter besonders ansporrnte? Weitere Experimente führten schließlich zur Erkenntnis, dass beides – sowohl der höhere Lohn als auch der «menschlichere» Umgang der Führungskräfte – für die Leistungssteigerung der Mitarbeiter verantwortlich war.

Von einem ähnlichen Versuch berichten auch Peters und Waterman in ihrem Buch «Auf der Suche nach Spitzenleistungen»[27]: Sie beschreiben ein betriebspsychologisches Experiment, bei dem die Auswirkung von Lärm auf die Produktivität von Menschen untersucht wurde. Die Mitarbeiter in einem Unternehmen sollten schwierige Denkaufgaben lösen und einen ziemlich langweiligen Text Korrektur lesen. Gleichzeitig wurden sie von Störgeräuschen berieselt: Man spielte ihnen ein Tonband vor, auf dem ein Vortrag auf Spanisch, ein Gespräch auf Armenisch, ein Kopierer, eine Schreibmaschine und Straßenlärm zu hören waren. Die Hälfte der Probanden konnte den Lärm per Knopfdruck abstellen, die andere Hälfte hatte diese Möglichkeit nicht. Das erwartete Ergebnis: Jene, die den Lärm abstellen konnten, lösten sehr viel mehr Denkaufgaben, genau gesagt sogar fünfmal so viele wie ihre Kollegen und fanden im Text auch vier Mal so viele Fehler wie die Kontrollgruppe. Aber – und jetzt kommt der Clou, so Peters und Waterman – sie hatten den Abstellknopf kein einziges Mal betätigt. «Allein das Bewusstsein, dass sie die Möglichkeit hatten, selbst zu entscheiden, ob sie die Tonbänder zum Schweigen bringen wollten oder nicht, verursachte diese enorme Leistungssteigerung.»[28] Dieser Umstand birgt unseres Erachtens ein enormes Potenzial in sich: Man müsste bei seinen Mitarbeitern eigentlich «lediglich» das Gefühl wecken, beteiligt zu sein, die Dinge selbst in die Hand nehmen zu können. Und doch: Es wäre unehrlich von Managern, wollten sie allein das Gefühl, nicht jedoch die Tatsache selbst – Beteiligung eben – vermitteln. Mit dem Hawthorne-Effekt wollten wir Folgendes zeigen: Immer wenn Menschen diese innere Motivation erfahren, werden im Umkehrschluss ihre Führungskräfte und mit ihnen das Unternehmen beinahe automatisch mit einem Mehr an Leistung belohnt, das sich auf kurz oder lang auch in besseren Ergebnissen niederschlagen wird.

Selbstverständlich, die immaterielle Beteiligung von Mitarbeitern hat einen entscheidenden Nachteil: Wer lange diskutiert und seine Mitarbeiter von künftigen Wegen oder Strategien überzeugen will, muss Zeit investieren. Er muss Entscheidungen erklären, Ursachen erläutern, Hintergründe transparent werden lassen. Mitarbeiter müssen zur Umsetzung motiviert werden. Jemand, der nur von oben herab anordnet, wird seine Entscheidung dagegen schnell durchbringen. Er wird Zeit gewinnen, zunächst jedenfalls. Auf lange Sicht jedoch entsteht in einem solchen Unternehmen eine Atmosphäre von Duckmäusertum. Lernprozesse und persönliche Weiterentwicklung werden verhindert. Wir plädieren aus diesem Grund für die Alternative der etwas längeren Entscheidungsphase, der Beteiligung der Mitarbeiter, weil wir wissen, dass in diesem Fall auch die Umsetzung effizienter ist:

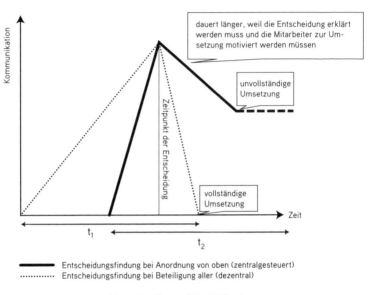

Abb. 5; Quelle: Prof. Dr. Utho Creusen

Denn wer schon in den Entscheidungsprozess Überzeugungsarbeit, Kraft und Zeit investiert, der wird die Entscheidung selbst dann effizienter umsetzen können. Die Mitarbeiter sind in diesem Fall schließlich überzeugt von dem, was sie tun. Sie haben mehr Spaß an der Umsetzung, sie stehen hinter dem, was die Unternehmensführung beschlossen hat. Sie wurden ja vorab ins Boot geholt.

Von der Katze im Fass

Ein Beispiel aus der Tierpsychologie mag dieses Phänomen verdeutlichen: Eine Katze wird von einem Forscher in einen Bottich mit Wasser geworfen. Der Bottich ist im Innenraum ganz glatt, der Wasserstand so hoch, dass die Katze weder den Boden berühren noch sich an den oberen Rand retten kann. Was passiert? Die Katze will natürlich überleben und versucht zu schwimmen. Katzen können allerdings nicht sonderlich gut schwimmen, dafür sind sie ungemein zäh. Und so kämpft die Katze, was das Zeug hält. Etwa eine Stunde hält sie auf diese Weise durch. Kurz vor dem Ertrinken kommt der Forscher und holt sie aus dem Fass. Die Katze wird gehegt und gepflegt, sie bekommt nun besonders viel Aufmerksamkeit vom Forscher. Dann, nach einer gewissen Zeit, nimmt der Forscher die gleiche Katze und wirft sie erneut in den Bottich. Was meinen Sie: Was passiert? Schwimmt die Katze länger oder kürzer? Der Versuch hat gezeigt, dass sie signifikant kürzer schwimmt und viel schneller aufgibt als beim ersten Mal. Warum? Die Katze hat in diesem, zugegebenermaßen sehr drastischen Beispiel gelernt, dass der Forscher kommen und sie retten wird.

Genauso verhält es sich im Unternehmen: Wenn Führungskräfte immer wieder eingreifen, verhindern sie wichtige Lernprozesse bei ihren Mitarbeitern. Sie werden ihnen die zur selbstständigen Lösung von Problemen notwendige Kreativität nach und nach nehmen. Irgendwann gibt der Mitarbeiter dann auf. Er wird es von vornherein unterlassen, über eigene Lösungen nachzudenken. Er wird keine Ideen mehr entwickeln, sondern nur noch auf die Anweisung des Chefs warten. So verhindert der Vorgesetzte, dass sich sein Mitarbeiter mit der Aufgabe oder dem Unternehmen identifiziert. Angst wird Hauptmanagementmerkmal. Sie macht jedoch defensiv und untergräbt positive Entwicklungen.

Um Beteiligung im Unternehmen leben zu können, braucht es deshalb wichtige Kernwerte. Es muss eine Kultur der Offenheit herrschen, in der Feedback – positives wie negatives – möglich ist. Mitarbeiter sollen die Gewissheit haben, Fehler machen zu dürfen. Passiert ein Fehler, wird es nicht in einer Atmosphäre der Angst heißen: «Oh, ein Fehler», sondern einfach nur: «Ah, ein Fehler. Aus ihm werden wir lernen.» Dieser positive Führungsstil – Positive Leadership – ermächtigt Mitarbeiter, sich selbst zu steuern, auch wenn die Suche nach Sinn nach wie vor gemeinsam gestaltet wird. Beteiligung in diesem Sinne verstanden meint nicht: «Behandle andere so, wie du selbst behandelt werden willst.» Beteiligung meint vielmehr, den anderen als Individuum zur Entfaltung kommen zu lassen. Es heißt dann: «Behandle andere so, wie sie selbst behandelt werden wollen.»

Menschen brauchen nicht andere Menschen, die sie «managen», die sie steuern und kontrollieren, die Macht über sie ausüben. Sie brauchen Menschen, die sie ermächtigen, sich selbst zu steuern: ihre Ziele mit denen anderer abzustimmen, für das einzustehen, was sie für sinnvoll halten. Sie brauchen die Freiheit, sich selbst zu führen.[29]

Manfred Maus

Wer seinem Mitarbeiter größtmöglichen Freiraum gibt, der fördert ihn darin, größtmögliche Verantwortung übernehmen zu wollen. Der Mitarbeiter wird sich engagieren, als wäre er selbst der Unternehmer. Eigenverantwortung prägt seine Einstellung. Er denkt: «Ich bin verantwortlich, es ist (auch) meins.» Und Freiheit bedeutet in einem solchen Unternehmen mutig sein, «ja» sagen oder auch «nein». Verantwortung übernehmen heißt kämpfen, neue Wege gehen, Herausforderungen annehmen und Grenzen überwinden. Wir ermuntern alle – Unternehmer, Manager, Mitarbeiter: Freiheit will riskiert werden. Es lohnt sich, sie zu leben.

Die Beteiligung in der Positiven Psychologie

Bislang findet der Begriff beziehungsweise Aspekt der Beteiligung in der Positiven Psychologie keine Verwendung. Die Protagonisten der Wissenschaft sprechen eher von der Eigenverantwortung. Von der Eigenverantwortlichkeit des Einzelnen soll dann auch die gesamte Gruppe, das Unternehmen, profitieren und positiv beeinflusst werden.

Im Hinblick auf die Führungsphilosophie, die wir auf Grundlage der Positiven Psychologie vertreten, möchten wir jedoch explizit diesen Begriff und Aspekt in die Diskussion bringen. Wir finden ihn in allen drei Säulen der Positiven Psychologie wieder: Je mehr sich Menschen mit ihren Talenten einbringen dürfen, je besser sie sich einbezogen fühlen und je mehr sie Ziele mitbestimmen können, umso intensiver und ausdauernder werden sie arbeiten und kämpfen. Sie haben dann Spaß an ihrer Leistung, sind erfolgreicher und in der Konsequenz glücklicher und zufriedener.

Abb. 6; Quelle Prof. Dr. Utho Creusen / Nina Eschemann

Die Beteiligung der Mitarbeiter bildet nach unserem Dafürhalten das Fundament der drei Säulen der Positiven Psychologie, wie wir sie in bezug auf die Unternehmensführung definieren – sie stellt die verbindende Klammer dar. Aus diesem Grund haben wir die Beteiligung ins Zentrum des Positive Leadership-Ansatzes gerückt. Er besteht zudem aus den Elementen

- Engagementsteigerung durch das Flow-Konzept,
- Talentförderung nach der Stärkenorientierung,
- Sinnvermittlung durch die Entwicklung einer Vision.

Eine moderne und erfolgreiche Personalstrategie muss unserer Meinung nach aus diesen vier Kernelementen bestehen. Nur Unternehmen, die ihre Human Ressources-Strategie auf diese Weise am Menschen orientieren, werden auf Dauer erfolgreich sein. Festzuhalten bleibt deshalb – und damit lassen wir zum Schluss noch einmal Thomas Peters und Robert Waterman zu Wort kommen: «Wir plädieren nicht dafür, dass Mitarbeiter in Watte gepackt werden sollen. Wir plädieren für die illusionslose Achtung vor dem einzelnen und die Bereitschaft, ihn weiterzubilden, ihm vernünftige und klare Ziele zu setzen und ihm in der Praxis so viel an Freiraum einzuräumen, dass er an seinem Platz einen eigenen Beitrag leisten kann.»[30]

Summary

Beteiligung

- kann materielle und immaterielle Beteiligung bedeuten. Finanzielle Beteiligung fördert per se das Engagement der Mitarbeiter, greift zuweilen jedoch nicht weit genug. (Auch) Immateriell zu beteiligen ist langfristig gesehen nachhaltiger: Menschen sollen sich mit ihrem Unternehmen identifizieren, sie sollen ihre Arbeit als sinnvoll und gewinnbringend erleben können. Mitarbeiter müssen zu Beteiligten werden.

- im Unternehmen meint, mit den Mitarbeitern zu diskutieren und sie – wann immer möglich – in Entscheidungen einzubeziehen. Menschen wollen überzeugt werden und nicht einfach nur Anweisungen und Befehle «von oben» erhalten. Mitarbeiter, die auf diese Weise am Handeln ihrer Firma beteiligt sind, setzen Entscheidungen des Managements effizienter um.

- gehört deshalb ins Zentrum einer modernen und erfolgreichen Personalstrategie.

Summary

Positive Leadership

wird immer dann gelebt, wenn der einzelne Mitarbeiter als Mensch zur Geltung kommt, wenn er sich als Ganzes angenommen weiß, sich als Persönlichkeit entfalten darf und sich in seinem Unternehmen zu Hause fühlt. All das passiert immer dann, wenn er

- seine Stärken zum Einsatz bringen kann,
- Flow in der Arbeit erlebt.
- die Unternehmensvision als sinngebend empfindet,
- und sich einbezogen fühlt.

Anmerkungen Kapitel 5

[1] Womack, James P. / Jones, Daniel T. / Roos, Daniel: Die zweite Revolution in der Autoindustrie. Konsequenzen aus der weltweiten Studie des Massachusetts Institute of Technology. Frankfurt/Main, New York: Campus Verlag, 1992. S. 54.

[2] Aus Toyoda wurde später Toyota: Der Name der Gründerfamilie bedeutet im Japanischen «üppiges Reisfeld». Da dies so gar nichts mit der Automobilbranche zu tun hat, wurde aus Marketinggründen in den dreißiger Jahren des 20. Jahrhunderts für das noch junge Unternehmen ein neuer Name gesucht. 27000 Vorschläge sind bei einem öffentlichen Wettbewerb eingegangen, man entschied sich schließlich für Toyota, was im Japanischen keine Bedeutung hat. Siehe Womack / Jones / Roos (1992), S. 53.

[3] Ebd., S. 61.

[4] Wir erinnern uns an Collins und Porras (siehe Kapitel 4. Säule Sinn), die den Unternehmenszweck ebenfalls mit den fünf bohrenden Fragen nach dem Warum definieren.

[5] Siehe ebd., S. 62.

[6] Siehe ebd., S. 61.

[7] Siehe ebd., S. 63.

[8] Siehe Peters, Thomas J. / Austin, Nancy: Leistung aus Leidenschaft. Über Management und Führung. Hamburg: Hoffmann und Campe Verlag, 1986. S. 272 f.

[9] Siehe Womack et al. (1992), S. 19.

[10] Ebd., S. 20.

[11] Siehe Peters, Thomas J. / Waterman, Robert H.: Auf der Suche nach Spitzenleistungen. Was man von den bestgeführten US-Unternehmen lernen kann. Landsberg am Lech: Verlag Moderne Industrie, 1983. S. 278.

[12] Siehe Womack et al. (1992), S. 20.

[13] Die genauen Fakten zum umwälzenden Prozess der Einführung einer neuen Form der Mitarbeiterorientierung bei Dana wurden entnommen aus Peters / Waterman (1983). S. 286 bis 291.

14 Siehe Lezius, Hans Michael / Beyer, Heinrich: Menschen machen Wirtschaft. Betriebliche Partnerschaft als Erfolgsfaktor. Wiesbaden: Gabler Verlag; Frankfurt am Main: Frankfurter Allgemeine Zeitung, 1989. S. 15.
15 Peters / Waterman (1983), S. 286.
16 Zitiert aus ebd., S. 287
17 Ebd., S. 288.
18 Ebd., S. 289.
19 Ebd., S. 289.
20 Siehe Wolff-Peterseim (2001), S. 261.
21 Entnommen aus Lezius / Beyer (1989), S. 15.
22 Peters / Waterman (1983), S. 276.
23 In Anlehnung an die von Hans Michael Lezius lange Jahre geführte Arbeitsgemeinschaft zur Förderung der Partnerschaft in der Wirtschaft e. V. (AGP).
24 Lezius / Beyer (1989), S. 20.
25 Siehe ebd., S. 21 bis 33. Die Erläuterungen zu den einzelnen Punkten wurden zum Großteil wörtlich entnommen.
26 Einfach nachzulesen zum Beispiel im Internet unter www.wikipedia.de, Stichwort «Hawthorne-Effekt».
27 Thomas J. Peters führt dieses Experiment auch in seinem Buch «Leistung aus Leidenschaft» an und fasst es dort zusammen. Siehe Peters / Austin (1986), S. 272.
28 Ebd., S. 272.
29 Hommerich, Brigitte / Maus, Manfred / Creusen, Utho: Wieviel Management braucht der Mensch. Abschied vom Machbarkeitswahn. Wiesbaden: Gabler Verlag, 1995. S. 122.
30 Peters / Waterman (1983), S. 277.

Literatur

Kapitel 1 – Positive Psychologie

Goldene Worte des Glücks. Bergisch Gladbach: Lübbe, 2004.

Hartmann, Uwe/Schneider, Udo/Emrich, Hinderk M.: Auf der Jagd nach dem Glück. In: Gehirn & Geist, 04/2002.

Seligman, Martin E. P.: Der Glücks-Faktor. Warum Optimisten länger leben. Bergisch Gladbach: Lübbe, 2003.

Goeßmann, David: Lern dich glücklich. Spiegel online, 20.06.2006.

Auhagen, Ann Elisabeth: Das Positive mehren. Was ist und was will die Positive Psychologie? In: PSYCHOLOGIE HEUTE, Dezember 2004.

Auhagen, Ann Elisabeth (Hrsg): Positive Psychologie. Anleitung zum «besseren» Leben. Weinheim, Basel: BelzPVU, 2004.

Kapitel 2 – Stärkenorientierung

Morgan, Laura/Spreitzer, Gretchen/Dutton, Jane/Quinn, Robert/Heaphy, Emily/Barker, Brianna: Wie Sie Ihre Stärken besser ausspielen. In: Harvard Business manager, April 2005.

Clifton, Donald O./Rath, Tom: How full is your Bucket? Positive Strategies for Work and Life. New York: Gallup Press, 2004.

Clifton, Donald O. / Buckingham, Marcus: Entdecken Sie Ihre Stärken jetzt! Das Gallup-Prinzip für individuelle Entwicklung und erfolgreiche Führung. Frankfurt am Main: Campus Verlag GmbH, 2007.

Kapitel 3 – Flow

Schäfer, Annette: Mr Flow und die Suche nach dem guten Leben. In: PSYCHOLOGIE HEUTE, März 2005.

Snyder, C. R. / Lopez, Shane J.: Positive Psychology. The Scientific and Practical Explorations of Human Strengths. Thousand Oaks, California, USA: Sage Publications Inc, 2007.

Csikszentmihalyi, Mihaly: Flow. Das Geheimnis des Glücks. Stuttgart: Klett-Cotta, 2002.

Csikszentmihalyi, Mihaly: Flow im Beruf. Das Geheimnis des Glücks am Arbeitsplatz. Stuttgart: Klett-Cotta, 2004.

Coffman, Curt / Gonzalez-Molina, Gabriel: Managen nach dem Gallup-Prinzip. Frankfurt/Main: Campus Verlag, 2003.

Kapitel 4 – Sinn

Kets de Vries, Manfred: The Leader on the Couch: A Clinical Approach to Changing People and Organizations. John Wiley & Sons, 2006. Siehe dazu auch Schwuchow, Karlheinz: «The Leader on the Coach: Manager und ihre blinden Flecken». In: Wirtschaftspsychologie aktuell, 1/2007.

Tausch, Reinhard: Sinn in unserem Leben. In: Auhagen (2004).

Pattakos, Alex: Gefangene unserer Gedanken. Viktor Frankls 7 Prinzipien, die Leben und Arbeit Sinn geben. Wien: Linde (2005).

Collins, James C. / Porras, Jerry I.: Building Your Company's Vision. In: Harvard Business Review, September-October 1996.

Collins, James C. / Porras, Jerry I.: Visionary Companies – Visionen im Management. München: Artemis und Winkler, 1995.

Höhler, Gertrud: Die Sinnmacher. Berlin: Ullstein Buchverlage GmbH, 2006.

Wolff-Peterseim, Dominik: Strategische Steuerung mit dem Instrument der Balanced Scorecard am Beispiel der OBI Gruppe. In: Ahlert, Dieter (Hrsg): Handbuch Franchising und Cooperation. Das Management kooperativer Unternehmensnetzwerke. Neuwied: Luchterhand, 2001.

Kapitel 5 – Beteiligung

Womack, James P. / Jones, Daniel T. / Roos, Daniel: Die zweite Revolution in der Autoindustrie. Konsequenzen aus der weltweiten Studie des Massachusetts Institute of Technology. Frankfurt/Main, New York: Campus Verlag, 1992.

Peters, Thomas J. / Austin, Nancy: Leistung aus Leidenschaft. Über Management und Führung. Hamburg: Hoffmann und Campe Verlag, 1986.

Peters, Thomas J. / Waterman, Robert H.: Auf der Suche nach Spitzenleistungen. Was man von den bestgeführten US-Unternehmen lernen kann. Landsberg am Lech: Verlag Moderne Industrie, 1983.

Lezius, Hans Michael/Beyer, Heinrich: Menschen machen Wirtschaft. Betriebliche Partnerschaft als Erfolgsfaktor. Wiesbaden: Gabler Verlag; Frankfurt am Main: Frankfurter Allgemeine Zeitung, 1989.

Hommerich, Brigitte/Maus, Manfred/Creusen, Utho: Wieviel Management braucht der Mensch. Abschied vom Machbarkeitswahn. Wiesbaden: Gabler Verlag, 1995.

Wichtige Internetadressen:

www.viastrengths.org
www.strengthsfinder.com
www.gtgd.eu
www.reflectivehappiness.com
www.authentichappiness.org
www.charakterstaerken.org
www.werteanalyse.de

Martin Zenhäusern

Chef aus Passion
Als Mensch und Führungskraft Spitze werden

«Diejenigen, die in der Welt vorankommen, gehen hin und suchen sich die Verhältnisse, die sie wollen, und wenn sie sie nicht finden können, schaffen sie sie selbst.» (George B. Shaw)

Ein Hochschul- oder Fachabschluss bildet eine gute Voraussetzung für eine Karriere. Er ist jedoch erst die halbe Miete. Die Zukunft gehört den Chefs aus Passion, die vor allem an sich selbst arbeiten. Martin Zenhäusern gibt Denkanstösse und Impulse. Er zeigt, wie Chefs sich kontinuierlich weiterentwickeln können, und zwar in allen wesentlichen Berufs- und Lebenslagen.

Die Leser lernen, selbstbestimmt zu handeln. Sie entwickeln ein dynamisches Selbstbild, beachten weltweit gültige Werte und arbeiten an ihren kommunikativen Fähigkeiten. So schaffen sie die Voraussetzungen für ihre Mitarbeitenden, es ihnen gleichzutun. Die vielen Beispiele aus Wirtschaft, Politik und Kultur inspirieren den Leser dazu, seine Potenziale voll auszuschöpfen.

208 Seiten, gebunden

ISBN 978-3-280-05294-5

orell füssli Verlag